程红霞 / 著

高校英语教师
教育及其专业化发展研究

九州出版社
JIUZHOUPRESS

图书在版编目（CIP）数据

高校英语教师教育及其专业化发展研究 / 程红霞著
. -- 北京：九州出版社，2024.5
ISBN 978-7-5225-2986-8

Ⅰ.①高… Ⅱ.①程… Ⅲ.①英语—教学研究—高等
学校 Ⅳ.① H319.3

中国国家版本馆 CIP 数据核字（2024）第 109582 号

高校英语教师教育及其专业化发展研究

作　　者	程红霞　著	
责任编辑	周红斌	
出版发行	九州出版社	
地　　址	北京市西城区阜外大街甲 35 号（100037）	
发行电话	（010）68992190/3/5/6	
网　　址	www.jiuzhoupress.com	
印　　刷	北京亚吉飞数码科技有限公司	
开　　本	710 毫米 × 1000 毫米　16 开	
印　　张	15.25	
字　　数	242 千字	
版　　次	2025 年 1 月第 1 版	
印　　次	2025 年 1 月第 1 次印刷	
书　　号	ISBN 978-7-5225-2986-8	
定　　价	96.00 元	

前　言

随着中国综合国力的不断提升，中国在世界上的地位不断凸显，英语的重要性也越来越显著。语言承载着文化，为文化的交流与传承奠定了基础。英语是对外交流的一项重要语言工具，有着越来越大的国际影响力，尤其在中外经贸密切深化合作、各国依存度不断提升的大背景下，良好、顺畅的英语表达，有助于对外交流的进一步加深。反之，若语言不通，沟通不畅，则会使深入发展寸步难行，而要培养英语能力，则离不开英语教学。

国之大计，教育为本；教育大计，教师为本。在教育领域的改革浪潮中，高校英语教学得到了高度重视，高校的蓬勃发展离不开高校英语教师能力的提升。加强高校英语教师师资队伍建设，可以促进高素质人才的培养。英语教师的专业发展从狭义上来看，注重的是如何高效地完成教学活动，使学生掌握应有的技能，完成教学任务，提高教学能力；从广义上来看，不仅是完成教学任务，更多的是在教书育人上，做出更多的努力。总之，高校英语教师应通过多种途径方法和手段使自己的业务水平不断提升，为学生的求学之路点亮一盏明灯，指引学生人生的道路。

本书基于高校英语教师的职业化与专业化特征，探讨高校英语教师教育以及教师专业化发展的基本理论，重点分析新时代高校英语教师专业化发展的具体路径，包括构建学习共同体、开展教学反思、依托信息化平台、实施职前职后教育、完善教师评价、优化学校措施等，以此构成体系。总体而言，针对高校英语教师专业发展的一系列问题，引入多个模式，以为培养出高素质、高水平的高校英语教师略尽绵力。

综观本书，本书主要表现出如下特点：第一，条理清晰、结构合理。本书从基本理论分析入手，由浅入深，逐渐深入，探索高校英语教师教育的专业化发展路径。第二，内容丰富且全面。本书围绕高校英语教师教育发展及其专业化发展展开分析，既有理论分析，又有实践探索，可以帮助学习者全面认识、分析本书讨论的问题。第三，重点突出且颇具实用性。本书突出地表现了高校英语教师专业发展的路径，其路径从构建学习共同体、开展教学反思、依托信息化平台、实施职前职后教育到完善教师评价、优化学校措施等，既有教师自身的提升，又有外部环境的辅助，颇具实用性。通过本书，学习者不仅可以对高校英语教师教育及其专业化发展研究有深入的了解，还可以找出相关的路径以供借鉴。

本书在写作过程中参考了许多相关的学术著作与论文，在此向其著作者表示由衷的感谢。同时对于书中由于种种原因存在的一些缺陷与不足，也希望各位读者能够予以谅解，并提出宝贵意见。

海南师范大学　程红霞

2024年3月

目　录

第一章　教师职业与高校英语教师教育

教师职业是一项至关重要的工作，而高校英语教师则扮演着培养未来人才、传播知识和文化的重要角色。了解教师职业的特性以及我国教师教育的历史和现状，对于高校英语教师教育具有重要的启发作用。本章的学术价值在于为读者提供了对教师职业与高校英语教师教育之间关系的全面认识，有助于深入理解高校英语教师教育的必要性和重要性。通过本章内容，读者可以更好地掌握教育领域的专业知识和职业素养，为提高高校英语教师的教育水平和教育质量提供有益的参考和指导。

第一节　教师的职业特性与教师职业专业化

一、教师的职业特性

（一）职业本质

职业是个体为满足社会需求，从事具有特定社会职责的专门活动。社会分工的细化将人们以职业群体的形式联系起来，每个群体都担任特定社会职能。职业作为社会组织的一种重要形式，其演变和发展与生产力发展和工具改进密切相关。

（二）教师的职业特点

教师职业起源于人类教育活动，随社会分工、文字、学校的出现而形成。教师传递知识、文化和行为习惯，随着社会物质和精神文明的发展，这一角色变得更加专业。现代教师不仅传道授业解惑，还承担着培养社会主义建设者和接班人的任务。教师职业可广义理解为对他人行为或思想产生积极影响的个体，狭义上则是专门从事教育教学活动的专业人员。在高校英语教育背景下，教师职业的内涵进一步扩展，注重培养学生的语言技能、文化理解力和批判性思维。

（三）教师的职业角色

在当代高等教育背景下，高校英语教师的角色具有以下几个显著特点。

（1）自致角色的专业化。高校英语教师的职业角色是其通过教育和努力获得的，反映了个体在语言教学和文化传播领域的专业成就。这要求教师不仅要掌握深厚的语言学知识，还需要了解不同文化背景下的交际方式。因此，成为一名高校英语教师需要经过专业的教育和严格的教师资格认证。

（2）规定性角色的高标准。高校英语教师的职业角色在权利和义务上有明确的制度化界定。他们不仅负责传授语言知识，还要在跨文化交际、批判性思维和全球视野等方面对学生进行教育和启发。这一角色的规范性要求高校英语教师在教学内容、方法和伦理道德上都达到较高的标准。

（3）表现性角色的文化传承。作为表现性角色，高校英语教师不仅仅是语言的传授者，更是文化的传播者和桥梁。他们的工作不以经济利益为主导，而是致力于培养学生的国际视野、文化理解力和沟通能力，以此促进不同文化间的理解和尊重。

（4）教学中的主导角色。在高等教育中，英语教师在教学过程中扮演着不可或缺的主导角色。他们的教学方法、教学态度和专业知识直接影响学生的语言能力和跨文化交际能力的培养。

总结来说，高校英语教师的职业角色在当代教育体系中极为重要。他们不仅承担着语言知识的传授任务，更是文化理解和国际交流的关键推动者。在全球化时代背景下，高校英语教师的这些角色特性对于培养具有国际视野和文化素养的学生至关重要。

二、教师职业专业化

（一）教师职业专业化的内涵

教师职业专业化这一概念，在目前的学术讨论中尚无一个被普遍接受的定义。根据现有的专业化概念，我们可以将其理解为包含两个层面：一是教师个体在专业知识、技能、道德和情感等方面的专业成长过程；二是作为一个群体，教师争取职业地位的集体努力过程。这两个层面共同构成了教师的专业化路径。

对于高校英语教师来说，个体专业化强调的是在语言教学、跨文化交际、教学方法和教育伦理等方面的专业成长。实现这一目标的途径包括但不限于职前教育、入职培训和在职继续教育等。在群体层面，教师专业化的实现需要满足几个条件：教育知识技能体系的构建、教师教育的系统化、教师资格的规范化以及教师活动的组织化。这些条件共同构建了一个支持教师专业成长和社会地位提升的环境。具体到高校英语教师的职业专业化，我们可以看到，个体专业化是其核心。这包括教师在职业生涯中不断提升教学技能、实施教育创新、展现教育道德和提高教育素养的过程。而群体专业化则关乎整个职业在社会中的认可和地位，如霍尔所指出的，职业专业化是一个职业群体在一段时间内成功达到特定专业标准的过程。

综上所述，高校英语教师的职业专业化既是个体专业成长的过程，也是作为一个群体在社会中地位提升的集体努力。这一过程不仅对提升教师的专业水平具有重要意义，也对推动高等教育的整体质量和社会地位的提升具有深远的影响。

（二）教师职业专业化的意义

教师职业专业化在社会发展与教育进步中扮演着关键角色。社会对专业化程度的认可与尊重，往往决定了一个职业在社会中的地位。对于教师这一职业而言，专业化的缺失可能导致其社会地位的降低和专业不被尊重，进而影响整个社会教育体系的发展。在当今我国的教育环境中，推动教师职业的专业化成为一项重要且迫切的任务。

首先，教师职业专业化有助于重塑社会对教师角色的认识，更准确地把握教师职业的专业属性。长期以来，社会对教师角色的理解往往仅限于知识传授，忽视了教师在培养学生思维、情感和价值观方面的重要作用。特别是在高校英语教学中，教师不仅是语言知识的传授者，更是文化理解和跨文化交际能力的培育者。因此，提升教师专业化水平，能够帮助社会更全面地理解教师的职业性质。

其次，教师专业化的推进能够加强教师的职业自我意识，增强其职业价值感和专业认同。随着教师专业化的发展，教师将更加深入地反思和重构自己的职业角色和教学行为，从而更加积极地参与到教育创新和教育研究中。这不仅使教师的工作变得更有意义和乐趣，也有助于教师个人的专业成长和生涯规划。

　　最后，教师职业专业化对于提升教师的社会地位和推动整个教育事业的发展具有重要意义。专业化的教师更有能力引导学生的全面发展，同时，这种专业化的实践也能得到社会的更广泛认可和尊重。当教师将教育视为一种终身事业，以学习、反思和创新作为自己的生活方式时，其工作不仅是自我实现的途径，也成为社会文化传承和创新的重要力量。

第二节　我国教师教育的发展概况

一、我国教师教育的萌芽

（一）相关背景

1.近代教育的发展引发对师范教育的需求

　　我国教师教育的萌芽与近代教育的起步紧密相关。自19世纪中叶以来，随着西方列强的侵入和西方文明的涌入，我国传统教育面临着巨大的挑战。西方传教士通过在华开设学校、医院等，将西方的自然科学和人文科学知识引入我国。据统计，1842年至1860年间，在我国的五个通商口岸城市，传教士共编译出版了434种西学书籍，其中涵盖了数学、天文、地理等多个学科。这些教会学校的课程设置突破了我国传统教育的界限，开始引入西方的教育理念和教学方法。

　　1862年，京师同文馆的成立标志着我国教育近代化的开端。此后，我国相继创办了多种洋务学堂，开设西方近代自然科学和实用科学的课程。清政府还启动了赴美、赴欧留学生教育项目，旨在培养掌握先进文化知识和技术的人才。这一时期，我国的传统封建教育开始瓦解，近代教育逐渐兴起。

特别是到了1895年甲午战争后，我国教育面临更为迫切的变革需求。维新派通过分析认为，我国的衰败根源在于教育的落后，因此提出改良教育、变革科举制度、兴办学校、培育人才、开启民智为救国之道。各地相继建立了新式学堂，如广州万木草堂、天津中西学堂等，这些学堂培养了大批政治和实业人才。然而，随着新式教育的兴起，师资短缺成为一大难题。尽管我国在同文馆设立后已有三十多年办学历史，但学术教师多为科举出身，西洋学术教师则多为外籍人士，国内尚缺乏系统的师范教育。

我国师范教育的萌芽正是在这一历史背景下逐渐孕育而生的。它旨在辅助普通教育的发展，响应当时社会对于培养具备现代教育理念和教学技能的本土教师的迫切需求。从这个角度看，我国教师教育的萌芽不仅是教育体系自身发展的必然结果，也是社会变革和文化融合过程中的重要一环。通过师范教育的发展，我国教育逐步摆脱了传统束缚，走向了近代化。

2.日本师范教育的发展经验

日本在明治维新时期对师范教育进行了深刻的改革，这一改革对我国的教育发展产生了深远的影响。在明治维新之前，日本实行闭关锁国政策，但维新后迅速引入了西方的教育体系，将教育革新作为国家现代化的关键驱动力。

1872年，日本参考法国的中央集权式教育制度，发布了《学制》。该制度法律化了师范学校的性质和任务，并规定了人才培养的标准。随后，1886年的《师范学校令》和1897年的《师范教育令》进一步确立了日本特有的两级师范教育体系，形成了一种封闭型的教师教育模式。

在其现代化进程中，日本坚持了"和魂洋才"的教育理念，即在维护传统民族文化的同时，积极吸收西方的政治、经济和科技文化。这种融合本土和西方文化的教育模式对日本社会产生了深刻的影响。

甲午战争后，清政府开始密集派遣留学生至日本，并邀请日本的教育专家来华授课，同时多次派人考察日本的教育体系。通过这些交流，日本的师范教育体系和先进教育思想在我国得到了广泛的传播和学习。许多留学生在日本接受了近代化教育，受到资产阶级思想文化的影响，改变了他们的传统思维方式，培养出新的思维模式和价值观。这些学生回国后，积极推广新式教育，引入日本的先进教育理念，并努力在我国传播和实践这些理念。他们对我国教师教育体系的建设做出了重要贡献，对我国教育现代化产生了重要影响。

综上，日本在明治维新期间对师范教育的改革和发展，特别是其教育理念和制度的成功转型，为我国教师教育的发展提供了重要的借鉴和启发。这不仅体现在制度和理念的传播上，更在于通过教育改革推动社会整体的现代化进程，这对于我国教师教育的现代化发展具有重要的借鉴意义。

（二）早期师范学堂的创建

在我国近代教育史上，师范教育的起步标志着现代教育体系的初步形成。南洋公学的成立，尤其是其师范院的设立，标志着我国师范教育的开端。1897年，盛宣怀在上海创办的南洋公学，设立了师范院以培养教师，这成为我国师范教育的一个重要里程碑。

随着南洋公学师范院的建立，其他地区也相继创立了师范学堂，如京师大学堂师范馆（1902年）、直隶师范学堂（1902年）、通州师范学校（1902年）和三江师范学堂（1902年）。这些师范学堂在我国教师教育发展史上占有重要地位。

1. 京师大学堂师范馆

1898年，清政府制定《钦定京师大学堂章程》，其中设立师范斋和编译局。1901年，清政府重建京师大学堂，设立了师范馆。这不仅是北京师范大学的前身，也是我国近代高等师范教育的起点。

2. 直隶师范学堂

1902年，袁世凯在保定创设了直隶师范学堂，以解决小学堂师资短缺的问题。该学堂采用了多元化的学制和课程设置，为培养合格的师资做出了重要贡献。

3. 通州师范学校

1902年，张謇创立的通州师范学校，成为我国近代第一所独立的民立师范学校。该校强调多科学教育并附设小学，为师范生提供实习机会。

4. 三江师范学堂

1902年，两江总督刘坤一提议在江宁（今南京）设立师范学堂。随后，张之洞接任两江总督，加强了这一计划。1904年，三江师范学堂正式开学，其课程涵盖了理化、农学、博物等多个领域。

除了这些师范学堂，还有湖北师范学堂、贵州公立师范学堂、成都师范学堂等在同一时期创办。这些学堂的建立为我国教师教育的发展铺平了道路，培养了我国第一代现代意义上的教师。

到1904年，《奏定学堂章程》的颁布，进一步明确了师范教育机构作为独立体系的地位，这对我国教师教育的发展产生了深远的影响。通过这些早期的师范学堂，我国开始建立起现代教师教育体系，为后续的教育改革和发展奠定了基础。

二、我国教师教育的发展阶段

我国教师教育体系的发展大致可以分为以下四个阶段。

（一）独立封闭师范教育体系形成和确立（1897—1921）

起始于1897年我国师范教育的发展标志性事件是盛宣怀创办南洋公学师范学院。此后，直至1921年，我国的师范教育主要是模仿日本的模式，建立了以封闭式教育为主的体系结构。

1902年，随着《钦定学堂章程》（壬寅学制）的颁布，我国师范教育体系首次获得了法律地位的明确确认。同年，京师大学堂内设立的师范馆，专注于培养中学师资，标志着我国高等师范教育的开端。接着在1904年，《奏定学堂章程》（癸卯学制）的发布，对师范教育进行了进一步修订，使其成为一个独立的教育分支。

在这一时期内，师范教育被划分为四种类型的机构：初级师范学堂、优级师范学堂、师范传习所、实业教员讲习所。其中，初级师范学堂主要承担着高等小学堂和初等小学堂教员的培养任务，覆盖了中等师范教育的范畴；而优级师范学堂则负责培养初级师范学堂和普通中学堂的教员及管理员，属于高等师范教育的一部分；师范传习所和实业教员讲习所则侧重于满足特定领域的师资培养需求。

这一时期的师范教育特点是封闭式的教育模式，即在国内建立完整的师范教育体系，而非依赖外国模式。课程设置上，初级师范学堂包括完全科和简易科，涵盖了修身、读经、文学、格致、图画、体操等科目。师范教育的这一发展阶段，对我国现代教师教育体系的形成和发展起到了关键作用，为培养现代意义上的教师奠定了基础。

（二）开放性师范教育体系形成和发展（1922—1948）

在1922至1948年间，我国教师教育经历了重要的变革。在这一时期，我国开始借鉴美国的教育模式，转变了之前的独立师范教育体系，形成了一种更加开放的师范教育体系。这种变革主要是通过取消原有的独立师范体系，转而由综合性大学和独立设立的师范学院共同承担中等教师的培养任务来实现的。

1922年，中华民国政府教育部颁布了《学校系统改革案》（壬戌学制），这一改革案标志着我国教师教育体系的重大转型。在此之前，师范教育主要是以独立的师范学校或学院的形式存在，但改革后，普通大学被授权进行中等教育师资的培养，使师范教育与大学教育实现了更紧密的结合。

此外，这一时期还见证了美国教育思想和体制的引入和传播。杜威等美国教育家相继访华，同时，大量留美归国学者带回了美国的教育理念和制度，促进了中美教育的双向交流。这些交流和学习对我国教师教育体系的开放性和现代化发展产生了深远的影响。

（三）独立封闭师范教育体系的重建和新的发展（1949—1995）

在1949至1995年这一时期，我国教师教育体系经历了重要的转型，主要是通过学习苏联的教育制度来重建一个独立封闭的师范教育体系。1951年，我国举办了全国第一次师范教育工作会议，这次会议对我国高等师范教育的未来发展方向起到了决定性的作用。会议明确要求对原有的独立设置的师范学院进行整顿和巩固，并将原本附属于综合性大学的教育学院独立设置，同时，大学文学院中的教育系逐渐并入师范学院。

1952年，我国进行了一次重要的院系调整，进一步强化了师范院校独立设置的体制。这些改革措施大体上形成了一个"定向型"教师教育体系。在这个体系中，高等师范院校独立运作，专注于培养教师，与综合性大学的教育学院相区别。

随后，我国系统地学习并引入了苏联的教育模式，进一步强化了这种"定向型"教师教育体系的特点。这种学习和借鉴不仅涉及教育理念和教学方法，还包括教育体制和管理模式。在后续的几十年中，这种体系从最初的发展阶段逐渐走向成熟，为我国教师教育的发展奠定了坚实的基础。

综合来看，1949至1995年间的我国教师教育体系，通过重建独立封闭的师范教育体系，并学习苏联模式，实现了教育的新发展。这一时期的教师教育重点在于提高教师专业化水平和教育质量，以适应社会和经济发展的需求。

（四）开放性教师教育体系的确立和发展（1996年至今）

自1996年起，我国的教师教育体系开始迈向一个开放性的发展阶段。这一转变期始于20世纪90年代高等教育改革的加深，特别是众多高校在合并重组过程中展现出了一种更加市场化的运作模式。在这样的背景下，教师教育体系开始打破原有的专业边界，拓展其教育领域的广度，促使不少师范类院校开始重新审视和反思以往的封闭式教育模式。

同时，随着基础教育的飞速发展，师资需求的变化、师范教育结构和政策的调整显著影响了教师教育体系，从过去重视数量的策略转变为更加重视质量的策略。这一转变中，在教师培养方面，不只是师范院校，综合性大学及非师范类院校也开始发挥作用，共同构建了一个多元化的教师教育网络。

当前，我国教师教育的发展已与一些发达国家的趋势趋于一致，特别是在师范院校的综合化和综合性大学内设立的教育学院等方面。这种变化不仅反映了教师教育体系的开放性和多元化，也显示了我国在适应全球教育发展趋势方面的进步。

总体来看，自1996年以来，我国教师教育体系的确立和发展标志着从传统封闭体系向更加开放、多元化的现代教师教育体系的转变。这一转变不仅促进了教师教育质量的提升，也为我国基础教育的发展提供了更加丰富和适应时代要求的教师资源。

三、我国教师教育理论发展

自20世纪80年代末以来，我国教师教育理论发展经历了多个阶段。在此期间，终身教育思想和教师专业化思想逐渐进入我国，对我国长期以来建立的师范教育体系产生了深刻的影响，并促进了教师教育思想和理论的推广。这种思想上的冲击在一定程度上推动了我国教师教育的转型和发展。

（一）我国教师专业化思想和制度的沿革

教师专业化建设思想，其核心在于强调教师培养和培训的专业性。随着我国教育改革的深入，教师专业化的要求日益提高，尤其是在20世纪末，我国开始强调教师教育的资格性和职业性，促进教师专业化水平的不断提高。这种转变涉及教师培养和培训机构的专业化，包括培训体制、管理制度和措施的建立和完善。

1.教师专业化理论的研究进展

我国教师专业化理论的研究起步较晚，最初主要是对国外教师专业化理论的引入和借鉴。20世纪90年代中期以来，教师专业化逐渐成为我国教育改革的热点议题。随着教育理论研究的不断深入和发展，我国教师专业化理论呈现出丰富的研究成果，主要集中在教师专业化的定义、内容以及实现方式等方面。

2.专业制度建设方面的历史沿革

我国的教师专业化制度建设仍处于起步阶段。随着《教师资格制度》的颁布和实施，人们开始逐渐意识到教师职业的专业化。教师资格制度成为保障和促进教师专业化的重要条件和体现。此外，2005年开始实施的教师资格定期注册制度，也是我国教师职业走向专业化的重要步骤。

3. 与国际趋势相结合的我国教师专业化发展趋势

结合国际教师专业发展的趋势以及我国的实际情况，未来我国教师专业化的发展将具有鲜明的中国特色。这主要体现在教师专业意识的提升、专业发展制度的完善以及与实践相结合的教师研究者角色的强化等方面。

综上所述，我国教师教育理论的发展经历了引入和借鉴国外理论，到逐步形成具有我国特色的教师专业化理论的过程。这一过程不仅推动了我国教师教育的理论创新，也为我国教师职业的专业化提供了理论支撑和制度保障。

（二）终身教育思想与我国教师教育理论和政策的形成

终身教育思想，作为现代教师教育理论的关键组成部分，在中国教师教育的发展中起到了基础性的作用。这一思想的引入和融入，为中国教师教育体系的改革和发展奠定了重要基础。

1. 终身教育思想的传入与转译

终身教育理论在中国最初主要应用于社会教育和成人教育领域。1993年，《中国教育改革和发展纲要》的发布标志着终身教育理念在政策层面的正式确立，此后逐步拓展到继续教育领域，特别是远程教育。终身教育思想在教师培养层面的应用起步相对较晚，但随着教育改革的深化，这一理念逐渐在教师教育领域得到关注和实践。

2. 终身教育思想与教师在职教育的结合

自1999年起，终身教育思想开始与教师在职教育更紧密地结合。《中小学教师继续教育规定》和《中小学教师国家级培训计划》等政策的实施，体现了终身教育理念在教师教育体系中的深入渗透。这些政策的实施不仅推动了教师在职教育的发展，也促进了教师教育体系的一体化构建。

终身教育思想对中国教师教育的影响，还体现在教师教育一体化的策略和实施上。诸如《国务院关于基础教育改革与发展的决定》和《教育振兴行动计划》等文件明确提出，完善以现有师范院校为主体的开放教师教育体系，强调终身学习理念在教师教育中的应用。

总体而言，终身教育思想的引入和应用为中国教师教育理论的形成和发展提供了重要的理论支撑和政策指导。这一思想的渗透促进了教师教育体系的转型，特别是在教师在职教育和终身学习方面的发展，为提升教师的专业水平和适应时代变化的需求提供了重要途径。

第三节　高校英语教师教育的主体与内容

一、高校英语教师教育的主体分析

在高校英语教师教育体系中，教师教育者扮演着至关重要的角色。他们不仅是教师教育的重要组成部分，而且在整个教育生态系统中占据着核心地位，对教师教育的质量产生直接影响。

（一）英语教师教育者的内涵解析

"教师教育者"这一概念源自西方，但随着"教师教育"这一概念在我国官方文件中的正式使用，这一词汇逐渐融入了中国的教育研究领域。在西方，教师教育者被广义地理解为参与教师培养或培训工作的所有人员，即"教师的教师"。在中国，学者李学农提出，教师教育者专注于提升教师的专业素质，是教师专业发展的引领者或导师。①首先，教师教育者是专门从事教师教育工作的专业人员，他们致力于教师的专业化发展；其次，教师教育

---

① 李学农.论教师教育则[J].当代教师教育，2008（1）：47-50.

者在帮助教师实现职业社会化方面发挥关键作用，他们通过培训和指导，帮助教师成为社会期待的专业人士。

在高校英语教师教育中，教师教育者主要包括以下两种，他们共同构成了高校英语教师教育的重要支撑，对提升教师教育质量和教师专业化水平起着决定性作用。

1. 基础教育机构中的英语教师教育者

基础教育机构中的教师教育者主要负责指导师范生的教育实践和实习以及帮助新手教师成长。他们以自己丰富的教学经验和实践能力，为未来的教师提供实际操作的示范和指导，这对于师范生转化理论知识为实际教学技能至关重要。

在高校英语教师教育中，这些实践教师教育者对师范生的专业成长具有深远影响。通过亲身体验和模仿这些经验丰富的教师的实践，师范生能更好地理解和掌握有效的教学策略，提升自己作为未来英语教师的教学能力。然而，这些教师在自我定位为"教师教育者"时往往存在认同感的模糊性。这部分源于教师教育领域内职责与角色的多样性和复杂性，尤其是在专注于基础教育实践的同时，还需承担培养未来教师的重任。这种模糊性可能影响他们在教师教育中的主动性和效率。因此，对于基础教育机构中的教师教育者来说，强化其作为教师教育者的身份认同，是其专业发展的重要方向。这不仅涉及个人职业生涯的规划和成长，也关系到其在师范教育体系中的作用和影响力。高校和基础教育机构应共同努力，通过提供专业发展机会、增强社群支持等方式，帮助这些教师更好地理解和实践他们在教师教育中的角色。

2. 教师教育机构中的英语教师教育者

教师教育机构中的教师教育者主要参与职前教师（师范生）的培养和在职教师的继续教育或进修研习。他们不仅传授专业知识和教学技能，还引导师范生和在职教师理解和吸收先进的教育理念，特别是在英语教学方面的现代方法和策略。

在高等教育机构中，教师教育者通常承担着教学和研究的双重任务。他们不仅要教授课程，还需通过研究来发展和创新教师教育的理论和实践，特别是在英语教师教育领域，他们需要探索如何有效地结合语言学习理论和教学实践，以培养具备高素质的英语教师。教育学科的分化意味着并非所有教育学背景的研究者都直接参与教师教育。在英语教师教育领域，那些专门研究英语教学方法、课程设计、评估策略等方面的教师教育者尤为关键。

此外，教师教育者的工作不仅限于传授知识，还包括促进师范生和在职教师的专业发展。这涉及对教师专业能力的持续培养，如教学技巧、课堂管理、学生评估以及对教育政策和趋势的敏感性。高校英语教师教育中的教师教育者需要在理论与实践之间架起桥梁，他们应鼓励师范生将理论知识与实际教学场景结合，培养批判性思维和创新能力。

（二）英语教师教育者的角色

1. 英语教育教学者

高校英语教师教育者作为英语教育教学者，扮演着关键的角色。他们的主要任务是将教学的艺术和科学传授给未来的英语教师。

教师教育者需要向师范生或在职教师传授有效的英语教学方法和技巧。这包括但不限于课程设计、教学策略、学习活动的组织、评估技巧以及如何利用多媒体和技术工具提高英语教学效果。除了显性的教学方法，教师教育者还需要帮助学习者理解那些隐性的或基于经验的教学知识。这可能包括课堂管理的技巧、如何激发学生的兴趣、如何处理学生的个别差异，以及如何应对教学中的不可预见情况。

此外，作为教学者，他们需要通过自身的教学实践向学习者展示高标准的教学示范。通过模仿这些示范，师范生可以学习并吸收这些技巧和方法。教师教育者还负责培养学生的批判性思维能力，使他们能够独立评估不同的教学方法和理论，并在实践中做出合理的选择和调整。他们应激励师范生和在职教师不断探索和更新教学方法，鼓励他们进行终身学习，以应对教育领域的不断变化和挑战。

总之，高校英语教师教育者作为教育教学者，不仅仅是传授知识的导师，更是未来英语教师成长道路上的引路人。他们的角色对于提高教师的专业水平和教学质量至关重要。

2. 终身学习者

教师教育者需要持续更新自己的英语教学知识和技能，以跟上语言教学领域的最新发展。这包括掌握新的教学方法与教育技术，以及对英语语言本身的持续学习。教师教育者应自觉地追求专业成长，通过参加研讨会、工作坊和进修课程来不断提高自己的专业能力和教学水平。

作为教师（师范生和在职教师）的教师，他们的学习态度和方法将直接影响到师范生和在职教师。通过展示自己的学习热情和持续进步，教师教育者可以激励其他教师继续学习和成长。教师教育者需要对教育理论进行深入研究，并将理论与实践相结合，不断探索更有效的教学方法。作为终身学习者，教师教育者应积极参与教育创新的实践，不断探索和实验新的教学策略，以提升教学质量和学习体验。在快速变化的教育环境中，教师教育者需要具备适应性和灵活性，以应对各种教学挑战和变化。

总体来说，高校英语教师教育者作为终身学习者，不仅是为了自身的专业发展，也是为了更好地指导和激励未来的教师，实现教育的持续创新和提升。

3. 研究者

高校英语教师作为教育研究者的角色，在当前教育环境下显得尤为重要。这一角色要求教师不仅是知识的传递者和学生学习的引导者，更是教育实践的深入探索者和创新者。在这个角色中，教师需结合教育理论和实践经验，进行持续的自我反思和专业成长。

高校英语教师教育者作为研究者的职责主要包括以下几个方面。

（1）自我反思与实践研究。教师需要定期对自己的教学方法和课堂管理技巧进行反思，识别并解决教学过程中的问题。这包括分析学生的反馈、评估教学策略的有效性以及调整教学计划以满足学生的不同需求。

（2）运用多元研究方法。教师应采用各种研究方法，如课堂观察、访谈、问卷调查等，以全面理解教学过程和学生学习的复杂性。这些方法有助于教师更深入地了解学生的学习动机、学习方式和学习障碍。

（3）专业发展与学术贡献。作为研究者，教师应积极参与专业发展活动，如教育研讨会、学术会议和研究项目。通过这些活动，教师可以与同行交流，获取新的教育理念和教学方法，同时也可以分享自己的研究成果和经验。

（4）科学与艺术的融合。在研究教育实践时，高校英语教师应将科学的研究方法与教育艺术相结合，寻求在理论和实践之间的平衡。这意味着教师不仅关注教学的技术性方面，也注重教学的创造性和人文关怀。

（5）持续的教育创新。作为研究者，教师应不断寻求新的教育理念和教学方法，促进教育实践的创新。这包括采用新技术、探索跨学科教学方法以及发展更具包容性和多样性的教学策略。

综上所述，高校英语教师教育者在教学实践中具有多重角色，他们既是教学者，也是终身学习者和研究者。这些角色互为补充，共同构成了高校英语教师教育者的复合身份，反映了其在教师教育中的多维功能和价值。

（三）英语教师教育者的专业素养与专业发展

1. 英语教师教育者在"专业的教"方面的素养

高校英语教师教育者在"专业的教"方面的素养上，需要有深入的理解和实践能力。他们不仅要精通教学理论，还必须了解这些理论在英语教学中的实际应用。这要求教师教育者积极参与基础教育现场，通过观察和参与英语课堂来深化对教学过程的理解，同时，他们需要将理论知识与实际教学经验结合起来，以指导和培养未来的英语教师。此外，教师教育者还应持续发展自己的专业知识和技能，探索创新的教学方法，并具备反思性思维，以不断评估和改进自己的教学方式。这样他们不仅能提供有效的教师培训和指导，还能促进教师和学生的共同成长。总之，高校英语教师教育者在"专业的教"方面的素养，要求他们在理解教学实践的同时，能够将理论与实际教学紧密结合，并不断更新教学方法和技巧。

2. 教师教育者"专业的教'教'"的素养及其发展

高校英语教师教育者在专业的教"教"的素养方面，需要具备将基础教育实践中的教学知识和技能有效地传授给学习者的能力。他们不仅要避免对教学内容的过度抽象化或简单经验化，而且需要在理论与实践之间建立一座坚实的桥梁。这要求教师教育者深入理解教学的理论基础，并将这些理论应用于具体的教学情境中。他们应当能够设计和实施一套完整的教学知识体系，其中包含教学方法、策略和评估技巧等各个方面，以确保师范生既能够理解理论，也能够将其应用于实际教学中。通过这种方式，教师教育者不仅能够提高自己的专业素养，还能有效促进未来教师的专业成长，从而提升整体教师教育的质量和效果。

3.教师教育者"教'学教'"的专业素养及其发展

高校英语教师教育者在"教'学教'"的专业素养及其发展方面需具备多方面的能力。首先，他们应深刻理解学习者的学习机制，包括学习动力和有效学习方式，以便更好地指导和促进教师的学习过程。这要求教师教育者不仅精通教学理论，而且能够将理论与实践相结合，引导学习者深化对教学的理解与应用。其次，教师教育者还需不断提升自身的教学能力，包括反思和评价自己的教学方法，不断寻找更有效的教学策略，并能清晰地表达观点，与不同背景的学生进行有效交流。同时，他们应为学生提供高质量的学习案例，以促进学生的学习和成长。此外，教师教育者还应成为教师教育文化的推动者。他们应致力于在教师教育领域内推广公正和民主的价值观，包括在协调师范生、指导教师与大学教师教育者之间的关系上起到表率作用，同时努力营造有利于教师教育的文化氛围。

总体而言，高校英语教师教育者的专业素养和发展需要聚焦于深入理解基础教育教学实践、专业地教授教学知识与技能，以及不断提升自身的教学和研究能力。通过这些努力，他们将能更有效地推动教师的专业成长，从而提升高校英语教师教育的整体质量。

（四）英语教师教育者的身份认同

高校英语教师教育者的身份认同是其在教师教育领域中自我定位和角色理解的过程。这一认同过程对他们的职业投入、工作满意度及对教师职业发展的影响具有重大意义。身份认同涉及他们如何理解自己在教师教育系统中的地位以及如何与这一角色融合。

在不断变化的教育环境、多重职业角色和增加的工作压力中，教师教育者可能会遭遇身份认同危机。这种危机表现为自我怀疑、焦虑或恐惧，源于个体对自身身份缺乏连续性和稳定性的感觉。

影响教师教育者身份认同的因素可以从个人和环境两个维度来分析。个人维度包括教师教育者的兴趣、成就感和个人成长；而环境维度则涉及组织结构的变化和制度规范。这些因素共同作用于个体，塑造其自我认同过程。

为了帮助教师教育者建立稳定的自我身份认同，教育机构和政策制定者需要重视认同的力量，并提供必要的支持和资源。同时，鼓励教师教育者积极探索和实践，以促进其职业成长。此外，应该努力营造一个和谐、包容的教师教育文化，让教师教育者感受到认同和尊重，从而帮助他们建立清晰、明确且稳定的职业身份。这样的环境不仅有助于提升他们的专业素养，也有利于高校英语教师教育质量的提升。

二、高校英语教师教育观念的内容

（一）人才观

1. 人才观概述

在当代中国，高校英语教师教育中的人才观念显得尤为重要。这种人才观念涵盖了对人才本质及其成长规律的基本认识，基于马克思主义的唯物史观，强调人才作为一个广义且整体的概念。当代高校英语教师教育的人才观念具体包括以下几个核心要素。

（1）多规格、多层次性。现代社会对人才的需求不再是单一维度的，而是全方位、多层次的。对于教师而言，这意味着需要培养能够适应不同领域和层次需求的英语教育人才，包括具备领导力的政策制定者、掌握高新技术的科研人才，以及具有实际操作能力的实践人才等。

（2）多维性。现代人才的素质结构是多维的，这要求教师在培养学生时，不仅注重知识和技能的教授，还要培养学生的思想境界、社会责任感、创新意识、健康体魄等多方面能力。这对英语教师而言，意味着除了语言技能的培养之外，还需关注学生的全面发展，如创造性思维、文化素养等。

（3）个性发展与全面发展的统一。人才的培养既要注重全面发展，包括德、智、体各方面的均衡发展，又要强调个性化发展，即发掘和培养学生的特长和独特性。这对高校英语教师而言，意味着在教学过程中，应鼓励学生根据自己的兴趣和特点，发展个性化的英语学习路径和技能。

总之，高校英语教师教育中的人才观念要求教师在教学过程中不仅注重知识和技能的传授，还需关注学生的全面和个性化发展，培养能够适应社会多元需求的综合型人才。这种人才观念不仅对学生的未来发展至关重要，也是推进教育改革和社会发展的关键。

2. 人才培养策略

在当代中国高校英语教师教育中，人才培养策略的核心在于创新精神的培养、现代教育意识的树立以及对学生个性发展的重视。

（1）培养学生的创新精神。创新是民族进步的灵魂，对于高校英语教师而言，不仅要教授语言知识，还要努力培养学生的创新思维。这包括提高学生的认知能力、社会责任感、风险意识和竞争意识。具体做法是：创造创新的教学氛围，利用课堂教学主阵地，广泛开展各类活动，以激发学生的创造性思维和实践能力。

（2）更新观念，树立现代教育意识。高校英语教师应破除传统教育思维的限制，树立现代的教育理念。这意味着要关注学生的全面素质提升，包括德、智、体、美等方面的发展，重视学生的个性化成长。同时，要实现从单一的知识传授到全面人才培养的转变，注重学生的长远发展，实现管理育人、服务育人和教书育人的有机结合。

（3）重视学生个性发展。个性发展的重点在于允许每位学生根据自己的兴趣、爱好和才能自由发展。教师应采用因材施教的方法，为学生提供多样化的学习途径和资源，帮助他们发掘并发展自己的特长和兴趣。这种教育方式有利于培养具有个性化特色的人才。

总体来说，高校英语教师教育的人才培养策略注重培养学生的创新能力和全面素质，更新教育理念，重视学生的个性化发展，以培养适应社会发展需求的高素质人才。

（二）教育观

1.中西方教育观念的比较

在高校英语教师教育领域，对比中西方的教育观念，我们发现根本的差异在于教育理念的源头。中国教育传统上强调的是"塑造"理念，这种思想影响下的教育模式往往追求统一性，导致教育体系和学生个体缺乏多样性和创造性。而西方教育理念的核心在于"成长"，其教育模式更倾向于顺应个体的天性和兴趣，重视学生的自主性和创新性。

以卢梭的自然主义教育理论为例，他强调教育应顺应儿童的自然本性，反对传统的填鸭式教育。卢梭主张的教育理念在西方国家产生了深远影响，促进了教育方式的转变，重视培养学生的独立思考能力和创新精神。

反观中国，应试教育体系在一定程度上限制了学生的创造力和个性化发展。因此，高校英语教师教育在当今时代的挑战中，应致力于从西方教育理念中吸取精华，转变传统的"塑造"教育观念，更加注重学生的个性化和全面发展。这意味着教师应引导学生根据自己的兴趣和特长进行学习，鼓励他们在独立、自由的学习环境中成长，培养其成为具有创新能力和独立人格的人才。这样的转变不仅是高校英语教师教育的需要，也是我国教育体系改革的重要方向。

2.教师的现代教育观

在高校英语教师教育领域，教师的现代教育观是提高教育质量的关键因素。现代化的高校英语教师应具备以下几个方面的特质和能力。

（1）创新教育观的树立。现代社会特别强调创新能力，这一点在教育领域尤为重要。高校英语教师不仅要传授语言知识，还要激发学生的创新思维，培养他们解决复杂问题的能力。这要求教师在课堂上采用创新的教学方法，鼓励学生参与、探索和实践，以促进学生的全面发展。

（2）对教育事业的忠诚。热爱教育事业是教师职业的基础。高校英语教师应对教育事业充满热情，以爱心和耐心对待每一位学生。教师的情感投入不仅能够促进教学效果，还能增强学生的学习兴趣和动力。

（3）正确的教书育人观念。高校英语教师的责任不仅限于知识的传授，更重要的是引导学生形成正确的价值观和人生观，这包括帮助学生在困难时刻找到解决问题的方法，提高他们的自信心，以及在遇到心理困惑时提供适当的指导和支持。

总体来说，高校英语教师教育的现代观念强调创新、忠诚于教育事业以及全面的人格培养。这要求教师不仅在教学技巧上不断创新，更要在情感、价值观和人格培养方面给予学生充分的关注和引导，以培养出既具备语言能力又能全面发展的人才。

（三）学生观

在高校英语教师教育中，对学生的理解和认识至关重要。教师的学生观涉及对学生心理、认知和社会发展的整体认识，它不仅影响教学方法的选择，也决定了教育效果的成败。

1. 宏观层次

从宏观层面看，教师的学生发展观关注于学生的全面成长和发展。这包括认识到学生的认知发展，理解他们在社会环境中的互动方式，以及对学生心理动力的认识。在教育实践中，教师通常认为学生的心理发展是由遗传因素和环境因素共同作用的结果，其中环境对学生的影响被特别强调。

随着教育经验的增长，教师对学生发展的理解也会发生变化。刚步入师范院校学习或教育岗位的教师可能更倾向于认为教育可以决定学生的成长，但随着实践经验的积累，许多教师开始认识到学生的成长是一个多因素交互作用的复杂过程。他们开始意识到，学生的发展不仅受到教育的影响，还与学生自身的特性、家庭背景、社会环境等多种因素密切相关。因此，在高校英语教师教育中，教师需要构建一个全面且动态的学生观，理解学生的多样性和个体差异，尊重每位学生的独特性。这种学生观强调教师应具有灵活性和适应性，能够根据不同学生的需要和特点调整教学策略，促进每位学生的全面发展和个性化成长。

2. 微观层次

从微观层次来看，在高校英语教师教育领域中，教师的学生观主要表现为对学生的具体期望，这些期望对学生的成长和发展具有直接而深远的影响。

所谓教师的学生期望，是指教师面对特定学生时形成的具体看法和预期。这种期望可能受到学生的性别、家庭背景、社会经济状况及其兄弟姐妹情况等多种因素的影响。值得注意的是，教师的这些期望不仅会影响他们对学生的教学方法和态度，还会影响学生自身的自我认知和行为。

根据心理学研究，如罗森塔尔的实验，揭示了所谓的"皮格马利翁效应"，即教师的期望可以显著影响学生的行为和成绩。当教师对学生持有积极的期望时，学生往往会表现得更好；相反，负面的期望则可能导致学生表现下降。这种效应展示了教师期望对学生心理和学业表现的重要性。因此，高校英语教师在教育实践中应充分认识到自己期望的力量。他们应当避免基于刻板印象形成期望，而应基于每位学生的实际能力和特点设定合理的期望。同时，教师应通过正面的鼓励和支持，帮助学生建立积极的自我形象，激发他们的潜能，从而促进学生的全面发展和个性化成长。

（四）教学观

在高校英语教育领域，教学观的建构与实践对于教育质量和学生发展具有决定性的作用。教学观本质上是教师对于教学目标、教学过程和教学对象的深入理解和明确主张。它不仅指导着教师的具体教学策略和行为方式，也塑造着教师与学生间的互动模式和教学环境。

1.现代化的英语教学观

现代化的高校英语教学观应当包括以下核心要素。

（1）教学目标的全面性与明确性。教师应设定清晰的教学目标，不仅涵盖语言知识的传授，也包括语言技巧的磨炼、跨文化交流能力的培养，以及批判性思维能力的提升。

（2）教学方法的创新与适应性。教师应采纳并整合现代教学技术和方法，如互动式学习、多媒体教学等，来增强教学的互动性和学生的学习动力。

（3）对学生的全面了解与尊重。教师需深入了解学生的学习需求和个性特点，尊重学生的个性差异，实施个性化教学。

（4）教师角色的转变。在当代教育背景下，教师应更多地作为学习的引导者和促进者，而非仅仅是知识的传递者。他们应鼓励学生的主动学习和自主探索。

（5）持续的专业成长和自我更新。教师需不断学习新的教育理论和实践，适应教育领域的快速变化，并创新自己的教学策略。

2.正确教学观的重要组成部分

下面几点是正确教学观的重要组成部分。

（1）教学的最终目标：促进学生的全面和谐发展

在当代高校英语教师教育中，教学观的塑造和实践对于培养高质量人才至关重要。教学观不仅是教师教育行为的基础，更是影响教学质量和效果的核心要素。

教学目标的确立和演变反映了教育理念的深化和社会需求的变化。从传统的"知识型"教学观强调基础知识和技能的传授，到"智能型"教学观注重智力开发和能力培养，再到"育人型"教学观更加强调非智力因素和德育的渗透，教学目标经历了重要的三次拓展。在这个背景下，高校英语教师教育的目标不仅是使学生掌握必要的语言知识和技能，更重要的是通过教学过程促进学生的全面发展，包括智力和体力的发展、正确世界观的形成以及健康个性品质的培养。

教学的终极目标是促进学生全面和谐的发展。这意味着教师不仅是知识的传授者，更是学生能力、品质和价值观的培养者。教师应关注学生的整体发展，包括知识、智力、道德和身心健康等方面。因此，在高校英语教师教育中，教师应具备全面的教学观，不断更新教学方法和内容，以适应时代发展和学生需求的变化。通过这种方式，高校英语教育能够更有效地促进学生的全面发展，为社会培养出更多具备全面素质和创新能力的优秀人才。

（2）中心转变：从"以教育者为中心"到"以学习者为中心"

传统的教学模式过度强调教师的主导地位，而忽视了学生作为学习主体的重要性。现代教学理念认为，教学活动应以学生为中心，将学生的学习需求和个性发展放在首位。这种理念强调教师与学生在教学过程中的互动和共同参与，强调教学活动的目的是促进学生的全面发展，而不仅仅是知识的传递。

（3）从"教会学生知识"转向"教会学生学习"

在知识迅速更新的时代背景下，单纯传授知识已不足以满足学生的学习需求。教育的重点应当放在教会学生如何学习上，包括指导学生掌握有效的学习方法、发展批判性思维、培养自主学习能力等。这种教学方法能够更好地帮助学生应对未来社会的挑战，使他们成为终身学习者。

总之，现代高校英语教师教育应当注重培养学生的自主学习能力和批判性思维，同时更加注重教师与学生之间的互动和合作，以促进学生在语言学习和个人发展上取得全面进步。

（五）评价观

在高校英语教师教育领域中，构建一种符合时代发展要求的"生态性"教育评价观显得尤为重要。这种评价观旨在超越传统的单向评价模式，强调教育评价不仅仅是对教学成果的量化衡量，更是一种促进教育生态系统中各要素和谐发展的动力。

1. 要确立起教育评价服务的宗旨

首先，教育评价应服务于生态性的宗旨，即其核心目的是促进人与社会、自然的和谐共生。这要求评价不只关注学生的知识掌握程度，更关注他们如何将所学知识应用于实际生活中，如何与自然和社会环境相协调。在高校英语教育中，这意味着评价不仅局限于语言能力的测试，还应包括学生运用语言进行跨文化交流、解决实际问题的能力，以及他们对环境和社会责任的认知。

其次，生态性教育评价要求从多元化和全面化的角度出发，注重学生个人的全面发展。这不仅包括学术成就，还涵盖了创造力、批判性思维、人际交往能力等多方面的素质。在英语教育中，这意味着教师应通过多样化的评价方式，如项目作业、小组讨论、口头报告等，全方位地评估学生的综合能力。

最后，生态性教育评价应是一个动态、互动和持续的过程，不仅反映学生的当前水平，还应关注他们的进步和成长。这种评价方式不仅对学生负有指导和激励的责任，也要求教师不断反思和优化自己的教学方法，以更好地适应学生的需求和社会的发展。

2.建立一种以发展为导向的教育评价体系

在高校英语教师教育领域中，建立一种以发展为导向的教育评价体系显得尤为重要。这种评价体系的核心在于，不仅关注过去的教学成果，而更多地着眼于未来，促进教育和教学的持续改进和发展。

首先，教育评价应具有明确的发展性和教育性。它不应只是简单地鉴定和评比学生的学习成果，而应成为一个动态的过程，注重学生知识和技能的成长与进步。这意味着在高校英语教育中，教育评价不只是对学生当前水平的一个快照，而是一个包含反馈和指导的连续过程，旨在激励学生不断向前发展。

其次，教育评价的诊断性特征十分关键。这不仅意味着发现问题和寻求解决方案，更重要的是，教育评价应成为实现教育目标和促进教育可持续发展的工具。例如，在高校英语教学中，教师可以利用评价结果来识别学生在语言学习上的具体困难，然后提供针对性的指导和支持。

最后，教育评价者，特别是教师，需要转变自身的角色定位和提高专业素养。教师应从传统的"教育质量检查员"角色转变为"教育保健医生"，更多地关注如何通过评价促进学生的学习和成长。同时，教师需要不仅熟悉评价方法，还要深入了解教育和教学理论，提高自己在教育诊断和干预方面的能力。

（六）师生观

1.借鉴赫尔巴特和杜威两位教育家的理念

将赫尔巴特和杜威的教育理念应用于高校英语教师教育，可以为构建现代教育体系提供深刻的启示和指导。

首先，赫尔巴特的理念强调教师应尊重学生的个性，这在高校英语教育中尤为重要。教师需要认识到，每位学生都有其独特的学习风格和兴趣。因此，教师应设计多样化的教学活动和材料，以适应不同学生的学习需求，鼓励学生发展自己的特长和兴趣。

其次，杜威的理念倡导教育是一个互动和协作的过程，这对高校英语教师而言意味着他们不仅是知识的传递者，还是学生学习过程中的伙伴和协作者。在教学中，教师应鼓励学生参与讨论，促进学生之间的合作学习，以及引导学生进行批判性思维和反思。

赫尔巴特和杜威的理念都强调了兴趣在教学中的重要性。在高校英语教育中，教师应通过丰富多彩的教学方法和内容，激发学生对英语学习的兴趣。例如，可以通过项目式学习、角色扮演或讨论当前热点话题等方式，使英语学习更加生动和实用。

综上所述，赫尔巴特和杜威的教育理念为高校英语教师提供了关于如何尊重学生个性、激发学生兴趣、促进学生主动学习以及建立师生互动的重要指导。通过这些方法，教师不仅能够提高学生的英语水平，还能促进他们全面的个性发展。

2.教学方法：重视教师的重要作用

（1）赫尔巴特的观点

在高校英语教师教育的语境中，融合赫尔巴特的教学方法观点，可以为英语教学提供深刻的洞见。赫尔巴特视教师为学生学习过程中的引领者，类似于舵手的角色，强调教师对教学内容、阶段和方法的精心设计和指导对学生心智成长的重要性。

赫尔巴特提出的"四段教学法"强调了教学过程中的连续性和系统性，适用于高校英语教育。这一方法包括明了、联想、系统和方法四个阶段。在"明了"阶段，教师需详细讲解新教材，确保学生对新知识的深入理解；"联想"阶段通过师生互动，将新旧知识联系起来；"系统"阶段则在教师的引导下寻找规律和结论；最后的"方法"阶段则通过实践训练，加强学生应用所学知识的能力。

赫尔巴特的教学法同时也重视学生的学习心态和兴趣，确保教学方法与学生的需求相适应，强化了学生在学习过程中的参与作用。这与杜威的"五步教学法"形成了互补，后者强调学生的自主发现和问题解决能力，提升了学生在学习过程中的主体性和积极性。

（2）杜威的观点

在探讨高校英语教师教育中，我们可以借鉴杜威的教育观点，特别是他关于教学方法的见解。杜威强调，教育过程应以学生为中心，同时重视教师在教学中的关键作用。对高校英语教育而言，这意味着教师不仅是知识的传递者，更是学生学习过程的引导者和促进者。

杜威认为，教师的任务在于理解学生的兴趣和需要，并据此提供适当的刺激和资源，包括选择对学生产生积极影响的教学方式，帮助学生适当地回应这些影响，并为学生提供适宜的成长机会。在高校英语教育中，这意味着教师需提供实际的、引发探究兴趣的学习情境，选择适合学生水平和兴趣的教材，并关注学生的能力和发展趋势。

杜威的"五步教学法"为高校英语教学提供了具体的方法论指导，包括提供与实际经验相联系的情境、确保学生具备足够的资料、鼓励学生思考并提出解决问题的假设、整理和排列解决问题的方法，并通过亲自动手的实践来验证假设的有效性。这些步骤要求教师不仅传授知识，还要引导学生如何学习，如何获得知识，并发展思维能力。

总之，高校英语教育中的教学方法应基于学生为中心的原则，教师应发挥引导和激励的作用，通过灵活多样的教学方法，促进学生的主动学习和全面发展。杜威的教育观点为高校英语教师教育提供了重要的理论支持和实践指导。因此，在高校英语教师教育中，结合赫尔巴特的"四段教学法"和杜威的"五步教学法"，可以构建一个更加全面、动态和参与性强的教学模式。这种模式不仅强调教师的引导作用，同时也注重充分发挥学生的主动性，为学生提供更加丰富、互动和个性化的学习体验。这样的教学模式对于培养具有批判性思维和创新能力的高校英语学习者而言至关重要。

3. 教育管理：强调尊重和爱是构建良好师生关系的基础

在高校英语教师教育中，赫尔巴特和杜威对教育管理的理念提出了构建积极师生关系的重要见解。这些理念可以帮助高校英语教师更好地理解和实践尊重和爱在师生关系中的核心作用。

杜威主张民主化的教育管理，强调教师与学生之间的平等和自由关系。在高校英语教育中，这意味着教师应鼓励学生表达自己的看法，积极参与到课堂讨论中，从而培养学生的批判性思维和创新能力。教师不仅是知识的传递者，也是学生学习旅程中的伙伴和指导者，他们应通过尊重和理解学生的独特性，为学生提供一个开放和包容的学习环境。

赫尔巴特则强调了教师在学生学习过程中的导向和管理作用。虽然他提倡严格的纪律和管理，但也强调了教师对学生个性的尊重和对情感的关注。在高校英语教育中，这可以被理解为教师在维持课堂秩序和确保高效学习的同时，也应关心学生的感受和需求。

将这两种理念结合，高校英语教师可以创造出一个既有秩序又充满活力的教学环境，其中尊重和爱成为师生互动的基石。教师应注重学生自主性和创造力的培养，同时也要关注学生的情感和个人发展。通过这种平衡，可以构建一个促进学生全面发展的学习环境，这对于培养适应未来社会需要的复合型英语人才具有重要意义。

第二章　高校英语教师专业化发展理论

　　随着教育领域的不断发展和变化，高校英语教师的专业化水平也愈加重要。本章旨在为读者介绍高校英语教师专业化发展的理论依据、核心理念和基本取向，以帮助他们更好地理解和应用相关概念。高校英语教师专业化发展理论不仅有助于提高教师的教育水平和教育质量，还有助于满足学生的学习需求，推动高等教育的进步。本章的学术价值在于为读者提供了关于高校英语教师专业化的深入理论视角，有助于他们更好地理解和掌握相关概念，为后续章节提供坚实的理论基础。

第一节　高校英语教师专业化发展的理论依据

一、高校英语教师专业化发展的基础理论

（一）心理发展理论

1.心理发展理论的背景

高校英语教师专业化发展的基础理论依据涵盖了多个心理发展理论，这些理论对于教育领域，尤其是教师教育和专业发展方面产生了深远影响。

第一，皮亚杰的认知发展理论强调了个体的心理发展是连续的，但也有阶段性。他将心理发展划分为不同的阶段，每个阶段具有独特的结构和特征。这为高校英语教师教育提供了指导，因为教育工作者可以根据学生的发展阶段来调整教学方法和课程，以更好地促进学习和认知发展。

第二，埃里克森的心理发展理论将个体的生命周期划分为不同的阶段，每个阶段都有特定的发展任务。这个理论强调了个体在不同年龄段面临的心理和情感挑战，对高校英语教师教育和职业发展也有着重要启示。理解学生和教师自身在不同生命阶段的需求和挑战，有助于更好地支持他们的成长和发展。

第三，金斯伯格的职业心理发展理论研究了从童年到青少年阶段的职业发展过程。他将职业发展分为幻想阶段、尝试阶段和现实阶段，每个阶段都有不同的特征和任务。这个理论对高校英语教师职业教育和职业规划具有重要意义，帮助他们更好地理解和规划自己的职业发展道路。

第四，莱文森的成人生涯发展理论研究了成年人的生涯发展，将成年生涯划分为多个阶段和转折期。他强调了成年人在不同阶段面临的生涯决策和转变，对高校英语教师和职场成年人的发展管理有重要启示作用。了解教师在职业生涯中可能经历的阶段和挑战，有助于提供更有针对性的支持和培训。

综上所述，心理发展理论为高校英语教师专业化发展提供了基础理论依据，帮助教育工作者更好地理解和应对学生和教师在不同生命阶段面临的心理和职业发展需求，从而促进高校英语教师专业化和教育质量的提升。

2. 教师的心理发展与专业发展

教师的心理发展与其专业素质和能力发展紧密相连，这一关联是高校英语教师专业化发展的基础理论依据之一。多年的研究已经明确指出，提高教师的心理素质有助于他们更好地应对教育领域的挑战，并提升他们的专业技能水平。

高校英语教师在其教育和培训过程中需要不断发展和提升自身的专业素养，以更好地满足学生的学习需求。然而，这一过程并不仅仅是关乎知识和技能的传递，还牵涉教师个体心理的成长和发展。心理发展理论提供了理解个体认知和情感发展的框架，这对于高校英语教师的专业化发展至关重要。

在高校英语教师专业化的过程中，教育工作者可以利用心理发展理论的原理，根据不同阶段的教师发展需求，为他们提供有针对性的支持和培训。例如，基于皮亚杰的认知发展理论，教育工作者可以根据教师在不同阶段的认知能力，设计相应的教学策略和课程内容，以更好地促进他们的专业素养提升。同样，金斯伯格的职业心理发展理论也可以为高校英语教师的职业规划和发展提供重要的参考。因此，心理发展理论为高校英语教师专业化发展提供了坚实的基础理论依据，帮助理解教师的认知和情感发展，为其提供个性化的支持，进而推动他们在专业领域的不断成长和提升。这对于提高高校英语教育的质量和效果具有重要的意义。

（二）综合研究理论

综合研究理论的出现是为了克服以往教师专业发展研究中的一些不足之处，特别是解决了心理发展、职业周期和社会化等理论在解释教师专业发展过程中的局限性问题。

1. 综合研究理论概述

综合研究理论的背景根植于一种新的理论取向，其旨在整合不同的理论观点，以更全面地理解和解释教师专业发展的过程。这一理论兴起于对传统理论在阐释教师专业发展时的不足的反思。

综合研究理论的出现有以下原因：教师作为复杂的个体，传统的心理发展、职业周期和社会化理论各自只能覆盖教师专业发展的某一方面，难以提供全面的纵向发展轮廓。传统理论虽然关注了教师专业发展的不同方面，但未明确定义整体的专业发展过程，也未深入研究专业技能体系和自主获得过程。

综合研究理论的特点在于它试图将不同理论维度融合，以更全面地理解教师专业发展。它强调教师专业发展是一个综合的、连续的过程，涉及多个因素之间的相互作用。综合研究理论对教师专业发展的贡献在于提供更清晰、更全面的教师专业发展模型，有助于更好地指导教育实践和教师培训。它特别强调了教师专业发展中的专业技能体系和个体自主获得过程，填补了传统理论在这些方面的不足之处。因此，综合研究理论的出现为解释和理解高校英语教师专业化发展提供了新的视角和方法，强调了教师专业发展的多维性和复杂性。通过整合不同理论维度，这一理论有望为高校英语教育领域提供更具体、更适应实际的指导，帮助英语教师更好地发展其专业素质和技能。

2. 综合研究理论的代表人物

综合研究理论的代表人物，包括利思伍德以及贝尔和格里布里特，为高校英语教师专业化发展提供了新的理论维度和深刻见解。他们的研究突显了教师专业发展的多维性，并对不同阶段进行了详细分析。

（1）利思伍德（Liswood）

首先，利思伍德教授的研究和理论为我们提供了深刻的视角，关注教师专业发展的全面性和复杂性。他将教师专业发展划分为不同的阶段，并强调了个体心理发展、道德发展和概念发展的重要性。

第一个阶段，教师表现出坚持原则的特点，他们拥有简单且固定的世界观和价值观。在教育实践中，他们倾向于采用非黑即白的思考方式，强调特定的原则，在课堂中扮演主导者的角色。

第二个阶段，教师展现出墨守成规的特点，依然坚守传统教育方法。在他们的课堂中，规则明确，学生被要求严格遵守，往往不考虑个别差异或特殊情况。教师容易受到他人的期望影响，课堂呈现出传统的教育特征。

第三个阶段，教师转向以良心为导向，他们在履行职责时主要受到内心良心的驱动。教师开始展现更强的自我意识，能够看到不同情况下的多种可能性，能够根据具体情况调整规则，更加关注学生成绩和未来发展。

第四个阶段，教师具备更强的主见和协调能力，他们更加自主，但也注重人际关系的协调。他们能够平衡提高学生成绩和建立良好人际关系之间的关系，能够从多个角度分析和处理课堂情境，与学生建立紧密的合作关系。

利思伍德的理论强调了教师个体的心理和道德发展对专业发展的重要性，认为教师的心理认知水平和道德观念会影响他们在教育中的角色和效能。此外，他还指出教师的专业技能和职业周期发展之间存在紧密的关系，教师的专业技能提升有助于成功完成不同职业发展阶段的任务。因此，他提出了一系列促进教师专业发展的建议，包括采用新的教学策略，培养学生的自主学习能力，强调教师的心理发展和专业技能发展之间的相互依赖性。

总体来说，利思伍德的研究为我们提供了深刻理解高校英语教师专业化发展过程的视角，强调了教师专业发展的多维性和复杂性。他的理论有助于指导高校英语教育领域中的教师培训和发展计划，以更好地满足不同英语教师的需求，推动他们的专业成长。

（2）贝尔和格里布里特（Biel and Gribble）

贝尔和格里布里特的教师专业发展演进模式为高校英语教师的专业化发展提供了更为灵活和现实的视角，弥补了传统阶段模式的不足。他们的模式突出了教师在不同情境下的发展，而不是被固定在特定的发展阶段。以下是贝尔和格里布里特的演进模式。

首先，确认与渴望变革阶段。在这一情境下，教师常常经历自我反思和自我意识的过程。他们开始质疑传统的教学方法，渴望改进自己的教育实践。教师可能会主动寻求新的教育理念、策略和方法，以提高自己的教学效果。这一阶段强调了教师的自我认知和对变革的渴望。

其次，重新构建阶段。在这一情境下，教师通过学习新的知识和技能，逐渐重新构建自己的教育理念和教学实践。他们可能会接受专业发展培训，参加课程或研讨会，以获取新的教育工具和资源。教师开始将新的教学方法融入自己的教学实践中，试图改进学生的学习体验。这一阶段强调了教师的学习和适应能力。

最后，获得能力阶段。在这一情境中，教师已经成功地将新的教育理念和技能整合到自己的教学中。他们展现出更高的教育专业素质和教学能力，能够有效地应对各种教育挑战。教师开始分享他们的经验和知识，成为专业社群中的积极参与者。这一阶段强调了教师的专业成熟和领导能力。

贝尔和格里布里特的演进模式强调了教师专业发展的动态性和复杂性，突出了教师在不同情境下的变化和适应。这一模式有助于更好地理解英语教师的个体发展路径，促进对英语教育领域中教师成长和发展的深刻认识。同时，它也为指导英语教师培训和支持计划的设计提供了有力依据，以更好地满足不同英语教师的需求。

综合而言，贝尔和格里布里特的研究为我们提供了深刻理解高校英语教师专业化发展过程的视角，强调了教师专业发展的多维性和复杂性。他们的理论有助于指导高校英语教育领域中的教师培训和发展计划，以促进英语教师在不同阶段的专业成长和发展。

（三）职业周期理论

职业周期理论是一种研究教师职业发展的理论方法，其将人的生命自然老化过程与教师的职业发展相对应。该理论强调，教师的职业发展经历不同的阶段，每个阶段都与个体的年龄和经验水平相关，类似于人的生命周期。

1. 相关学者提出的观点

在这一领域，一些重要学者提出了不同的观点和模型。

首先，伯顿的教师发展阶段理论。1979年，伯顿提出了三个教师发展阶段，包括求生阶段、调整阶段和成熟阶段。新教师需要在求生阶段适应教育环境并建立自信，然后逐渐在调整阶段培养更深入的教学技能和课程准备，最终达到成熟阶段，拥有丰富的经验和自信面对教育挑战。

其次，富勒的教师职业周期动态模式。1985年，富勒提出了八个教师职业周期阶段，涵盖了教师从教育准备到职业生涯不同阶段的发展。这些阶段包括职前教育、入职、能力形成、热心和成长、职业受挫、稳定和停滞、职业低落和职业退出。

第三，司德菲的教师生涯发展模式。1989年，司德菲提出了五个教师生涯发展阶段，包括预备、专家、退缩、更新和退出。这一模式强调了教师在职业生涯中可能会经历的不同发展阶段。

第四，休伯曼的教师职业周期主题模式。1993年，休伯曼提出了七个教师职业周期主题模式，包括入职、稳定、实验和歧变、重新估价、平静和关系疏远、保守和抱怨、退休。这一模式强调了教师在职业周期中可能会经历的主题或情感状态。

总体来说，职业周期理论试图将教师的职业发展过程与个体的生命周期相对应，强调了不同阶段的特征和发展需求。这些理论模型有助于更深入地理解教师的职业发展，为教育领域的教育政策和教师培训提供了有益的参考。高校英语教师可以根据这些理论模型来规划自己的职业发展路径，提升专业素质和教学能力，更好地满足教育需求。

2.职业周期理论的启示

职业周期理论提供了对高校英语教师专业化发展的重要启示，有助于更好地理解和引导他们的职业成长。

第一，职业周期理论强调教师专业发展需要自主性，即教师应该具备自我意识和自我驱动力，以主动地探索和发展自己的专业素质和能力。高校和培训机构应该培养教师的自我发展意识，鼓励他们积极寻找学习和成长的机会，以满足不断变化的教育需求。

第二，教师的专业发展是多层面、多领域的。不同阶段的教师具有不同的需求和问题，因此教师教育和培训应该根据不同阶段的特点提供相应的支持和资源，以促进其专业发展。这意味着培训计划应该具有灵活性，能够适应个体差异和发展需求。

第三，职业周期理论指出，教师的专业发展具有明显的阶段性特征。了解这些不同阶段的特点和需求有助于为教师提供有针对性的培训和支持，帮助他们顺利过渡到下一个发展阶段。这要求培训计划应该有计划性和阶段性，以确保教师在不同阶段都能够得到必要的发展支持。

第四，教师的专业发展是终身的过程，而不仅仅局限于职前教育。教师需要不断地学习和成长，适应不断变化的教育环境和需求。高校和学校应该提供持续的专业发展机会和资源，以支持教师的终身学习。这强调了教育机构的责任，需要为教师提供持续的专业发展机会，以满足他们不断变化的需求。

第五，职业周期理论强调教师的专业发展与所在学校的环境密切相关。学校不仅是教师教学的场所，还是他们专业成长的基地。因此，学校环境应该有利于教师的专业发展，学校管理者应该关注并支持教师的成长需求。这需要学校领导者积极创造有利于专业发展的文化和条件，为教师提供必要的支持和资源。

总体来说，职业周期理论的启示有助于制定更有效的高校英语教师培训和发展计划，以提高教育质量和教师的职业满意度。通过深入理解教师的职业发展过程，可以更好地满足他们不同阶段的需求，帮助他们更好地履行教育使命，同时也有助于提高学生的学习成果。

3.职业周期理论指导下教师专业发展的研究进程

教师专业发展的研究历程经历了两个重要阶段，即"组织发展"阶段和"专业发展"阶段，这两个阶段反映了教育领域在理解和引导教师职业成长方面的不同取向和重点。

首先是"组织发展"阶段，这一阶段的特点在于强调整个教师群体的素质和专业水平的提高。在此阶段内，存在两种不同的取向。

（1）工会主义取向：这一取向侧重于通过工会等组织来提高教师的整体社会地位和福利待遇。其目标是争取更好的工作条件和薪水，通过集体行动和工会组织来改善教师的职业待遇。

（2）专业主义取向：与工会主义取向不同，专业主义取向强调提高教师的专业素质和教育水平。它倡导提高入职标准，确保只有具备高水平专业知识和技能的人才能成为教师。这一取向强调教师的专业发展和职业化，而非集体行动。

总体来说，这一阶段的关注点是整个教育系统质量和效率的提高，将教师作为一个群体来考虑和推动其专业化。

其次是"专业发展"阶段，这一阶段出现在"组织发展"阶段之后，标志着教育工作者开始重新思考教师专业发展的策略。这一阶段的特点如下。

（1）个体主动性。与前一阶段不同，这一阶段强调教师个体的自主性和主动性。教师被鼓励积极参与自己的专业发展，主动寻求提高自身专业素质的机会和资源。

（2）内在动力。教育工作者开始认识到，专业发展应该建立在教师内在的动力和兴趣基础上。这意味着教师应该有意识地追求自己的专业成长，而不仅仅是被动地接受外部的组织要求。

（3）个体化发展。在这一阶段，教育工作者更加重视个体教师的需求和发展轨迹。不同教师可能在不同的领域和方向上有不同的发展需求，因此个体化的发展计划和支持变得更加重要。

总体来说，这个阶段的教师专业发展更加注重个体的主动性、内在动力和个体化需求，教育机构和政策开始更多地关注如何激发教师的专业兴趣和能力提升。通过这两个阶段的发展，我们可以看到教师专业发展研究的演变，从强调整体群体的提高到更加注重个体教师的自主发展和需求。这一演变反映了对教育工作者的专业发展过程有更深刻的理解，也有助于指导未来的教育政策和教师培训计划的制定。

（四）自我更新理论

自我更新理论是一种重要的教师专业发展理论，它强调了教师个体的自我发展意识和主动性，以及将个体教师的内在专业结构不断更新的过程。

1. 自我更新理论概述

自我更新理论关注教师的自我发展意识和自我专业发展的能力。这一理论综合考虑了多个方面，包括心理、社会和环境因素，强调了教师在自我发展中的积极作用，将教师的自我发展意识视为衡量专业发展的标准之一。

自我更新的意义在于它被看作是教师自我发展的现实化过程。那些具有强烈自我更新意识的教师会不断关注教育领域的最新动态，将新的教学发展理论与自身实践相结合，并制订专业发展计划，以适应不断变化的教育环境。这些教师能够自觉地监控和调整自己的专业发展，利用有利的机会和条件来推动自身发展。

自我更新理论可以从三种不同意义上分析。首先，它是一种分析和研究教师专业发展过程的体系，以自我专业发展意识的发展为基本线索，关注教师内在专业结构的更新与改进。这意味着理论不仅关注了教师的外部行为，还强调了内在的专业素养和结构。其次，自我更新被认为是教师自我发展的现实化过程，强调教师的自我发展意识，以监控和调整自己的发展过程，不断适应变化的教育环境。这一层面着重强调了教师在自我更新中的主动性和自我管理能力。最后，自我更新取向的教师专业发展被视为一种新的理念和取向，强调教师应成为自己专业发展的主导者，积极挖掘有利因素，推动内在专业结构的不断更新。这表明了自我更新理论对于教师专业发展范式的重要影响。

综合而言，自我更新理论强调教师的个体发展和自我管理，在教师专业化发展中将教师置于主动地位。这一理论有助于教师不断适应教育领域的变化，提高自身的专业素养，从而促进教育质量的提升。

2. 自我更新专业发展新理论

自我更新专业发展新理论强调教师个体的自我发展和自我管理，特别关注他们的专业素养提升和适应能力，这与高校英语教师专业化的核心要求相一致。以下是对自我更新专业发展新理论在高校英语教师专业化中的几个重要观点。

首先，自我更新理论突出了教师的自我专业发展意识和能力的重要性。在高校英语教育领域，要求教师持续提升自身的教学水平和专业素养，自我更新理论为教师提供了有益的指导。它强调了教师主动性和自我管理，鼓励他们积极关注自己的专业成长。

其次，自我更新理论关注教师专业发展的不同阶段。这一理论的观点对高校英语教师有重要启示。了解不同阶段的特点和需求有助于教师更好地规划自己的发展路线，特别是对于新教师，他们可以通过了解发展阶段理论来更好地适应职业初期的挑战。

再者，自我更新理论强调了专业发展的连续性和持续性。在高校英语教育中，不仅需要侧重职前培训，还需要关注教师的终身学习。这一理论观点指出，教师需要保持对新知识和技能的不断学习，并将其融入教学实践中，以适应不断演变的教育环境。

最后，自我更新理论将教师视为成年学习者，重视成人学习的特点。在高校英语教育中，这一观点强调了教师个性化的专业发展需求。因为每位教师在自己的教学领域和经验上存在差异，自我更新理论鼓励教师根据自身兴趣、动机和需求进行定制化的发展计划。

总体来说，自我更新专业发展新理论为高校英语教师提供了有益的指导原则，帮助他们更好地应对专业化发展的挑战。通过重视自我管理、不断适应变化、关注不同阶段需求和个性化发展，教师可以更好地实现自身的专业目标，提高英语教育的质量。这一理论有助于为高校英语教师的专业化发展提供新的理论基础和方法。

3. 实现自我更新的影响因素

高校英语教师的专业化发展是一个受到多方面因素综合影响的复杂过程，这些因素可以分为内部因素和外部因素，它们在教师专业发展中发挥着关键作用。

首先，内部因素包括教师的教学理论与实践能力以及自主意识和主动提升能力。教师不仅需要具备扎实的教学理论知识，还需要能够将这些理论应用到实际教学中，采用适应当代学生需求的现代教育方法。同时，拥有自主意识的教师更容易进行自我反思，积极改进教学方法，不断提升自身的专业知识和技能。自主意识和主动提升能力是促使教师实现自我更新的内在动力，对于专业发展至关重要。

其次，外部因素包括学历和培训机会以及社会环境。一些高校英语教师可能由于学历较低或缺乏出国交流和接受培训的机会而受到限制。因此，提供更多的学历提升和专业培训机会对于他们的专业发展至关重要。此外，社会环境也会对教师的专业发展产生影响，如职业认同感、工作负荷和科研时间等因素可能对教师的专业发展构成挑战。高校和教育部门应该创造更有利于专业发展的工作环境，为教师提供更好的支持和资源。

总体来说，高校英语教师的专业化发展受到内部和外部因素的共同影响。教师需要具备自主提升的能力和自我更新的意识，同时社会和高校也需要提供更多的机会和支持，以促进教师的专业发展和提高英语教育质量。只有在内外因素共同作用下，教师才能够更好地实现自我更新和专业发展。这一综合因素的考量有助于更好地理解高校英语教师的专业化发展过程，并为其提供更有效的支持和指导。

（五）教师社会化理论

教师社会化理论强调了教师作为社会成员在从普通人到专业教师的转变过程中所经历的社会化过程。教师社会化理论认为，教师不是天生的专业教育者，而是在进入教育领域后，通过一系列的社会化过程逐渐成长为专业教师。这一过程包括与学校机构的互动、能力的提升、需求的满足等多方面因素。

1. 教师社会化理论观点的提出者

教师社会化理论的提出者和教育领域中关于教师社会化和成长的两种不同理论观点，为高校英语教师专业化发展提供了基础理论依据。

首先，盖茨尔斯和古博提出的社会系统模型强调了社会化的复杂性，将其分为规范层面和个人层面，并强调了二者之间的相互作用。这一模型深刻地指出，教育机构内部的规范和期望与个体教师的人格需求和动机之间存在紧密关联。他们的观点强调了教育机构内不同角色之间的互动和期望，对塑造教师行为起到关键作用。此外，他们的理论还强调了社会化过程的弹性和动态性，有助于解释不同情境下教师行为的变化。这一观点为我们提供了更全面的教师社会化视角，认识到教师在社会化过程中既受到外部规范的影响，也受到内部因素的驱动。

其次，莱西提出的教师专业化阶段理论将教师的专业发展划分为四个阶段，从"蜜月"阶段到"设法应对过去或失败"的阶段。这个模型突出了教师成长的过程性和阶段性，它指出了新教师在职业生涯不同阶段可能会面临的挑战和心理变化。莱西的观点有助于我们理解教师职业生涯中的不同阶段，如何应对挑战，并实现专业发展。这一理论为教师的成长提供了一个清晰的框架，有助于指导培训和支持措施的制定。

综合这两种观点，我们可以得出以下结论：（1）教师社会化是一个多层次、复杂的过程，既受到教育机构的规范和期望影响，也受到个体教师的人格需求和动机驱动；（2）角色在教师社会化中扮演着关键角色，不同角色之间的互动和期望影响着教师行为和效能；（3）教师的专业发展是一个逐渐演变的过程，不同阶段可能伴随着不同的情感和挑战；（4）教育机构和培训机构应该根据不同阶段的需求来支持教师的专业成长，以提高他们的工作效能和满意度。

总之，这两种观点为我们提供了深入了解教师社会化和成长过程的视角，为高校英语教师的专业化发展提供了有力的理论基础。这些理论有助于改进教育体系，更好地支持教师的职业发展，并为教育研究和政策制定提供了有益的参考。

2.社会化理论指导下的教师专业发展阶段研究

教师社会化理论和教师专业发展阶段研究是高校英语教师专业化发展的基础理论依据之一，它们为我们理解高校英语教师专业发展的历史和趋势提供了重要的理论支持。

首先，教师社会化理论与高校英语教师的专业发展密切相关。社会化理论强调了教师在教育机构内部和外部的社会化过程，以及个体在这一过程中所扮演的角色。在高校英语教师专业发展中，他们需要融入教育机构的文化和价值观，同时也要不断适应变化的教育环境。这种社会化过程对于高校英语教师的专业发展至关重要，因为它塑造了他们的教育观念、教学方式和职业认同。

其次，教师专业发展阶段研究为我们提供了了解高校英语教师职业生涯发展的关键线索。在高校英语教师职业生涯中，他们经历了不同的阶段，从新教师到经验丰富的教育者，每个阶段都伴随着不同的挑战和发展需求。了解这些阶段有助于高校英语教师更好地规划自己的专业发展，应对职业生涯中的困难和危机。这种理论还提醒我们，在高校英语教师的培训和支持中，应考虑不同阶段的特点和需求，以提高他们的工作效能和满意度。

综合而言，教师社会化理论和教师专业发展阶段研究为高校英语教师专业化发展提供了重要的理论依据。这些理论帮助我们理解了教师专业发展的历史演变，同时也为高校英语教师提供了指导，以更好地应对教育领域的挑战，提高教育质量，从而更好地为学生的教育提供支持和指导。通过深入应用这些基础理论，高校英语教师可以更好地实现自身的专业目标，提升自己的教育水平，适应不断变化的教育需求。

二、基于 TPACK 理论框架下的高校英语教师专业化发展

基于 TPACK（Technological Pedagogical Content Knowledge，即整合技术的学科教学知识）理论框架对高校英语教师专业化发展进行分析，可以揭示出现代教育环境下教师专业能力的关键构成要素及其发展现状。TPACK 理论认为，教师的专业知识体系应融合三个核心元素：技术知识（Technological Knowledge，TK）、学科内容知识（Content Knowledge，CK）和教学法知识（Pedagogical Knowledge，PK）。这一框架强调教师应将技术知识有效整合到课程教学中，以提高教学效果。如图 2-1 所示，在 TPACK 框架中主要有 7 个因素。

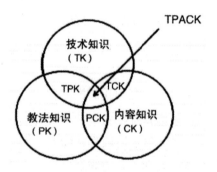

图2-1 整合技术的学科教学知识结构

（一）高校英语教师 TPACK 发展现状分析

在高校英语教师专业化发展的背景下，深入分析学科内容知识（CK）、教学法知识（PK）和整合技术的学科教学知识对于教育改革和教学质量提升具有重要意义。

1. 学科内容知识（CK）

高校英语教师的学科内容知识通常涵盖基础英语知识如词汇和语法，这是英语教学的基石，对于提高学生的语言运用能力至关重要。除此之外，教

师们也应涉猎英美语言学、文学和文化等领域，这有助于拓宽学生的国际视野，加深他们对英语语言文化背景的理解。然而，对于专业英语，如医学英语或核电英语的了解不足，这限制了教师在专业英语教学方面的发展潜力。随着全球化的推进和专业领域英语的日益重要，这一短板亟需加强。

2.教学法知识（PK）

在教学法方面，高校英语教师对于课堂管理、教学评价、学生学习策略的把握相对较好，显示出他们在传统教学管理方面的成熟，但在关注学生个体差异和积极运用现代化教学手段方面还有提升空间。适应学生多样化的学习需求，采用个性化教学方法，以及整合现代信息技术和互动教学工具，对于提升教学效果和学生参与度至关重要。

3.整合技术的学科教学知识

尽管大多数教师认识到技术知识的重要性，但实际上能有效整合并运用这些技术的教师比例并不高。现代教育技术，如网络教学平台和PPT课件，能显著提升教学互动性和多样性，但仍有一部分教师在信息技术应用上存在短板，甚至对新技术学习不感兴趣。这种情况可能阻碍教师利用技术优化教学方法，限制学生在技术驱动的学习环境中的发展。

总之，高校英语教师在专业化发展过程中需要不断丰富和更新自己的学科内容知识，提升教学法知识的创新应用，并积极探索如何有效整合技术知识。这不仅有助于提高教学质量，还能为学生打造一个更加丰富多元和技术先进的学习环境。

（二）TPACK 框架下高校英语教师发展局限性原因分析

在当前的教育背景下，针对高校英语教师专业化发展的局限性，特别是在TPACK框架下，我们可以从两个主要方面进行分析：教师个人层面和外部教育环境层面。

1.教师个人层面原因

信息技术整合意愿缺乏。许多高校英语教师对将信息技术与课堂教学相结合的主观意愿不强。尽管信息化时代对教师提出了更高要求，但高校英语教师学习TPACK的积极性受到学校教学评价和职称评定机制的影响，这些机制往往未能有效激励教师探索信息技术的运用，具体表现在以下两点。

（1）专业背景与技术知识的疏离：大多数高校英语教师专业背景集中在英语领域，对信息技术较为陌生，技术操作的复杂性进一步降低了他们对技术应用的学习积极性。

（2）教师队伍年龄结构：40岁以上的教师在高校英语教师队伍中占比较大，这部分教师对新技术的接受能力和意愿相对较低。

2.外部教育环境层面原因

（1）学校对英语课程重视度不足：在许多理工科和医学类高校，英语课程常被视为边缘学科，缺乏足够的重视。这导致英语教师在课程设置、考核标准上缺乏发言权，且在职称晋升机会方面相对较弱。

（2）教师培训缺乏针对性：虽然高校英语教师会参加教育技术培训，但这些培训往往过于偏重信息技术知识，未能有效地将技术知识与学科内容知识相融合。因此，许多教师认为培训内容难以理解，无法达到预期的教育效果。

总之，高校英语教师在TPACK框架下的专业化发展面临着一系列挑战。这要求教师个人提升对新技术的接受度和应用能力，同时也需要学校和教育管理部门对英语教育给予更多的支持和重视，为教师提供更具针对性和实用性的培训。只有通过这样的双向努力，高校英语教师的专业化发展才能在技术融合的新时代中取得实质性进步。

（三）TPACK 理论框架下高校英语教师专业化发展路径

1.教师需要树立终身学习的理念，并在实践中积极扮演教育者的角色

在TPACK理论框架下，高校英语教师的专业化发展路径具有多方面的考量。首先，教师需要树立终身学习的理念，并在实践中积极扮演教育者的角色。

（1）语言能力和跨文化交际：外语教师应具备扎实的英语语言能力，包括对英美语言文化及中国汉文化的深入理解，以实现无障碍的跨文化交际。这不仅是教师基本素养的体现，也是保障学生学习的关键。

（2）专业英语知识的重视：在人文社科类高校，高校英语课程发展较快，而在理工类和医学类院校，教师除掌握基础英语知识外，还应加强专业英语知识的学习。将英语教学与学生的专业课程相结合，可以提升学习兴趣并提供实用知识。

（3）技术应用与创新教学：在大数据时代背景下，高校英语教师应积极利用网络资源，开发多模态教学资源，创设合理的教学情境。这要求教师在教学软件和平台使用、课堂教学设计等方面投入更多精力，以提高师生的创新能力。慕课（MOOC）和微课在高校英语教学中的应用能有效减轻教学压力，并解决课堂教学中的个别差异问题。

（4）持续的专业成长：高校英语教师应持续关注自身专业成长，不断更新知识和教学方法。定期举行专业英语知识讲座，普及专业词汇，共同推动高校英语教学的发展。

总之，高校英语教师在专业化发展路径中，应整合语言能力、专业知识和技术应用，以满足当代教育需求，培养学生的全面能力，同时也要注重个人的继续教育和专业成长。通过这种全方位的发展，教师不仅能提升自身的教学效率和质量，也能更好地满足学生的学习需求。

2.从政策层面完善教师考核机制，促进教师提升TPACK能力

在TPACK理论框架下，提升高校英语教师的专业化发展，需从政策层面完善教师考核机制，促进教师提升TPACK能力。

（1）制定合理的教师评价制度。高校应根据国家教育政策指导，结合学校实际情况，制定动态、多元的教师评价体系。这一体系应重视教师的师德师风和教学质量，关注与学生利益直接相关的教学活动。

（2）实施发展性评价。在教师考核中，应弱化对科研指标的过分重视，转而关注教师在教学中的实际表现。考核机制应尊重教师的个体差异，实现分类管理，激励教师根据自身特点发展。

（3）建立TPACK培训基金。学校应从教育经费中专门设立TPACK培训基金，支持教师参加各类培训、观摩学习，以提高其综合教学能力。

（4）促进教育交流与合作。特别是在偏远地区高校，应通过邀请外部专家，建立学习小组，引入先进教育经验，促进本校教师TPACK能力的提升。

（5）详细划分教师收入类别。在绩效考核中增设TPACK能力评估，同

时考虑教师是否积极使用现代信息技术进行教学。这样教师的TPACK能力成为教学评优、职称晋升、工资收入的重要影响因素。

通过上述措施，高校英语教师的专业化水平可得到显著提升，增强对自身课程的掌控力，激发对信息技术学习的积极性，从而推动学科教学的全面发展，提高学生学习的质量和效果。

3.明确高校英语教师发展标准，确保教师 TPACK 能力发展

在TPACK理论框架下，为了确保高校英语教师的专业化发展，特别是提升其TPACK能力，高校需制定明确的发展标准，并营造合适的环境。

（1）制定专业发展标准：高校应根据自身特点，制定具有学校特色的高校英语教师专业化发展标准，这包括对课程目标的明确、教学资源的有效开发与共享，以及网络平台的建设和管理。

（2）举办教学竞赛：以提升教师TPACK能力为主题，通过网络讲课等形式的比赛，鼓励教师利用网络信息技术，提高其在教学中的应用能力。

（3）完善课程考察与监督机制：成立专门的督导小组，监督教师学习TPACK技能，并确保其在课堂教学中的有效应用。

（4）优化教师团队结构：针对专业英语教育的学校，可以将高校英语与专业英语相结合，调整教师年龄结构，引入新鲜元素。对于非专业英语教育学校，通过与其他高校合作，实现人员流动，构建结构合理的教师团队。

（5）选拔多元化的教师人才：医学等专业背景的高校可考虑从英语能力优秀的专业学生中选拔潜在的高校英语教师。[1]

综上所述，高校英语教师的专业化发展不仅需要教师个人的自我提升和对新技术的适应，还需要学校层面的支持与政策保障。这种双向努力能够帮助构建适合学校特色的高效教学体系，培养出具备专业特色和高素质的学生。

---

[1] 王一琼.基于 TPACK 理论框架下高校英语教师专业化发展的路径[J].林区教学，2020（01）：59-61.

第二节　高校英语教师专业化发展的理念

一、高校英语教师专业化发展的理念表现

高校英语教师专业化发展的理念表现可以归纳为以下几种。

（一）科研观

科研观强调了语言教学的科学性和多元技能的结合。科研观认为，语言教学不仅仅是传授语言知识，更是一种综合了专业知识、特定技术、教学技艺以及跨学科知识的活动。这些技能和技艺往往源于深入的科学研究。

1. 可操作性的学习原则

可操作性学习原则体现在将学习心理学的研究成果应用于教学实践中。这些原则包括但不限于记忆、知识迁移、学习动机等方面的研究成果。在英语教学中，这意味着将这些原则融入教学策略和方法中，如听说法、任务型语言教学、交际式教学等。

科研观还强调教学方法的科学化，包括直接法、认知法、自然法、交际教学法等，每种方法都基于对学习者心理和认知过程的深入理解，以及如何有效地促进语言习得的科学研究。

高校英语教师的专业化发展需要紧密结合科研观，将教学实践建立在科学的基础上，不断探索和应用新的教学方法和技术，以适应现代英语教学的需求和挑战。这不仅需要教师具备扎实的专业知识，还需要他们具有不断探索和创新的精神，以及能够跨学科整合的能力。

2. 仿效被教学实践证明有效的教学模式

在高校英语教师专业化发展中，模仿被教学实践证明有效的教学模式是一种极为重要的途径。这种方法侧重于将经过实证研究验证有效的教学模式

和策略应用于实际的教学实践中，以提高教学效果和教师的专业能力。[①]

例如，张思中教授提出的16字教学法，即"适当集中，反复循环，阅读原著，因材施教"，是这种模式的一个典型案例。这一教学法强调了教学的系统性和个性化，注重学生的实际水平和需要，并通过阅读原著来提高学生的语言实际应用能力。这种方法已被广泛认可，并在高校英语教师中得到普及。

从理论的角度看，高校英语教师在专业化发展过程中借鉴有效的教学模式，能够帮助教师更好地理解教学的科学性和艺术性，同时也能够提高教学的实效性。通过模仿和应用这些经过实践证明有效的方法，教师不仅能够提升自己的教学技巧，还能在教学过程中更好地满足学生的学习需求。

因此，高校英语教师的专业化发展离不开对有效教学模式的模仿和应用，这既是对现有教学实践的一种积极回应，也是教师不断探索和进步的过程。通过这种方式，教师可以不断地吸取前人经验，并结合自身教学实际，持续地提升教学水平和专业能力。

3. 以成功语言教师教育者为范例

在高校英语教师专业化发展的理论框架内，吸收并模仿成功的英语教师教育者的教学模式是一种重要的策略。此过程首先涉及识别和选择哪些教师教育者的课堂教学模式值得仿效。一旦确定了这些可供借鉴的范例，接下来就是通过课堂观察和访谈来深入研究这些成功教师的教学实践。教研人员、教学监督者和一线教师应共同参与到观察被视为典范的英语教师的教学过程中，重点关注以下几个方面：（1）教师如何组织和管理课堂教学；（2）教师如何高效传授英语知识，并培养学生的英语技能；（3）教师如何设计和组织教学活动及学习活动；（4）教师如何引导学生更好地完成学习任务。

在进行了课堂观察之后，通过对这些模范教师的访谈，可以更深入地了解他们的教学理念、教学目标以及实施教学任务的具体要求。然后，通过观摩他们的实际教学，开展讨论，使得参与者能够更清晰地理解并吸收这些教师的教学模式。最终，通过观察—访谈—观摩—讨论的过程，教师们可以模

---

① 李正栓，郝惠珍.中国语境下英语教师教育与发展研究[M].保定：河北大学出版社，2009：34.

仿这些模范教师的教学方式，将其应用于自己的课堂教学中。这种策略不仅有助于教师提升自己的教学技巧和专业素养，也有助于高校英语教育的整体质量提升，从而更好地培养学生的英语语言能力和跨文化交际能力。

（二）理念观

理念观指的是基于科学理论但不依赖具体数据的教学原则，主要包括理论取向和价值取向的教学方法。

1. 理论取向的教学方法

在此框架下，理论取向的教学方法特指将特定的教学或学习理论应用于具体的教学实践。例如，交际语言教学法就是以语言学理论为基础发展出来的一种方法，其衍生出了如任务型教学法、合作学习法、内容教学法等多种教学模式。

从我国英语教学的历史发展看，教学方法的选择和应用经常跟随国际语言教学理论的演变，如语法翻译法、听说法、交际法等，都是基于国际研究而在我国教育实践中引入的。每当新的教学法被提出，通常会由师范院校的教育者或有经验的教师对本地教师进行培训，介绍相关教学法的知识，并推广到课堂实践中。

然而，随着时间的推移和教育观念的变化，教师开始对纯粹模仿他国教学方法提出质疑，更倾向于灵活地、有选择性地采用不同的教学方法。这一转变也体现在教师教育的理念上，如"教师培训""教师教育""教师发展"等术语的变化，反映了教师教育重心和教育理念的演进。

总之，在高校英语教师专业化发展过程中，理念观的应用不仅是对教学方法的选择和运用，更是对教师个体在教学实践中的自主性和创造性的重视。教师教育者需要根据学生的实际需求和学习特点，结合现代教学理念，灵活运用各种教学方法，以促进高校英语教育的有效发展。

2. 价值取向的教学方法

在当今教育领域，随着教学观念和教育环境的演变，高校英语教师的专业化发展越来越倚重于价值取向的教学方法。这类方法强调以学习者为中心，关注学习者的思想、情感、认知、需求、个性、发展及学习策略等多维度因素，致力于促进学习者的全面发展。

在中国，对教师、学生、教学过程及教育在社会中的作用进行综合评价，促进了价值取向教学观念的形成。这种观念强调教育的人文关怀和对学生个体差异的尊重，倡导创新和个性化的教学策略。当前流行的语言课程文献、校本课程发展和行动研究等，都是价值取向教育体系的体现。例如，人文教学法重视学生的个性和情感发展，学习者中心教学法强调学生的主体地位，而教师教育者分队教学制则侧重于教师角色的多样化和教学方法的创新。

总之，在高校英语教师的专业化发展中，价值取向的教学方法不仅是一种教育理念的转变，更是对教育质量和效果提升的实践探索。高校英语教师在专业化发展进程中，应积极采纳并实践这种以学习者为中心的教育理念，通过不断创新教学方法和策略，满足学生多元化的学习需求，推动高校英语教育向更高质量发展。

（三）技艺观

技艺观强调教学不仅是技术和科学的运用，更是一种艺术。在这种观念下，教师不仅是知识的传递者，更是情感、价值观和思维方式的引导者。具体而言，教师的个人魅力、价值观念的传播、思维敏捷性以及创新能力都是构成教学艺术的重要元素。

优秀的高校英语教师应具备现代化意识、改革意识和创新意识。这意味着教师需要持续关注教育领域的最新动态，不断更新教学内容，以适应时代的发展。同时，教师应有能力根据教材进行创新性教学，包括对教材内容的深化和拓展，以及根据教学实际情况的灵活运用。

在技艺观的指导下，高校英语教师应根据自身的特点和所面对的具体教学环境，发挥独特的教学方法和技巧。这种方法和技巧的形成不仅依赖于严格的教学规范，更重要的是教师对教学本质的深入理解和对教学环境的敏锐感知。教师应在遵循基本教学法的基础上，创造性地进行教学实践，形成自己的教学风格。

总而言之，在高校英语教师专业化发展过程中，技艺观提供了一种重视教师个性化发展和创新性教学的视角。教师通过理解和运用这一观点，不仅能提高教学质量，还能更好地满足学生的学习需求，从而推动高校英语教育的整体进步。

二、如何将不同教学观运用在高校英语教师专业化发展中

将不同的教学观运用在高校英语教师专业化发展中主要有以下几种。

（1）折中主义的应用策略。在实施教师培训计划时，折中主义策略意味着结合多种教学观以达到全面的培训效果。例如，在第二语言习得的培训课程中，可以依据科研观指导教师教育者理解语言学习的科学原理；而在教学论或教学法课程中，则可以基于理论观，强调教学的理论基础。同样，对于实践性更强的课程，则可以应用技艺观，培养教师的教学艺术。然而，应注意这些教学观在具体教学技巧上的差异，避免盲目混合，需要精心策划，使各种教学观能够有机结合，共同促进教师的专业成长。

（2）某些教学方法可能被认为是互不相容的。这种观点认为，在确定了某一教学方法的有效性之后，应当在教师教育者的培训过程中专注于这一方法，而排除其他方法。这意味着教师教育者的培训将集中于一种广泛认可且被证明有效的特定教学方法。具体来说，这一方法的实施通常首先由培训者向受训者传达教学方法的关键理论、特点和技巧。这一过程中，受训者需要深入理解所学习的教学方法，并掌握其实施的具体技巧。随后，受训者将在自己的教学实践中模仿和应用这一方法，以此提高自身的教学能力。这种方法的关键在于，它强调了对单一教学方法的深入理解和应用，而非多种教学方法的综合应用。它认为，在教师教育者的培训中，应当集中资源和注意力于培养对特定教学方法的深入理解和技能掌握，从而确保教师能够有效地将这一方法应用于实际教学中。尽管这种方法可能在某种程度上限制了教师教育者接触和实践不同教学方法的机会，但它也为教师提供了深入研究和精熟特定教学方法的可能性，有助于教师形成更加专业和深入的教学风格。在高校英语教师专业化发展的背景下，这种方法可能特别适用于那些对特定教学

方法有明确偏好或需要的教育场景。

（3）将不同的教学观视为教师教育者持续发展的不同形式。这种观点认为，教师加入教育行业时，需要具备教学技能、职业能力，以及依据验证过的教学理论和原则来进行有效教学的自信。在这个框架下，教师的职业成长被视为一个持续的自我发现、自我更新和自我发展的过程。具体来说，对于缺乏丰富教学经验的教师，科研观提供了一个良好的起点。随着教学经验的积累，教师可以适当地调整和改进这些初始理论，逐步向理论观发展。在这一过程中，教师将开始形成自己的教学理念，进而转向技艺观，创造并应用自己独特的教学技巧。这样的转变反映了从自上而下的教学观到自下而上的教学观的转变，或是两种方法的有效融合。

在高校英语教师专业化发展的背景下，这种理念强调教师教育者的个性化发展路径，鼓励教师根据自身的经验和需求，选择最适合自己的教学方法。这种灵活的发展策略不仅有助于教师充分发挥个人潜力，还能促进教师在职业生涯中的持续成长和自我完善。通过这种方式，教师能够在不断变化的教育环境中保持专业素养的更新，有效地应对教学中的各种挑战。

三、英语教学理念对高校英语教师专业化发展的启示

（一）技能型培训方法论

在高校英语教师专业化发展的背景下，引入技能型培训方法论成为重要的实践策略。该策略重点关注将教学重心从传统的知识传授转向技能培养，强调教师在教育过程中的主动性和互动性。

技能型培训方法论包括多种形式，如任务型、行动型、经验型、反思型等，其核心在于通过实践活动促进教师的技能提升和理论认识的深化。这种方法注重于在实践中的体验与反思，强调通过具体任务的执行来加深理解和总结经验教训。

具体到操作层面，技能型培训可以采取以下步骤。

（1）教师分成四人小组，进行紧密合作。

（2）组内成员各自分配角色和任务。

（3）小组共同讨论教案或设计教学活动，以促进集体智慧的发挥。

（4）记录讨论过程和成果，确保信息的系统整理与共享。

（5）各小组交流讨论成果，通过相互学习拓宽视野。

这种培训模式不仅能够提升教师的教学技能，还能增强其理论知识的应用能力，尤其是在合作学习、自主学习等方面。此外，技能型培训可以是综合性的，也可以针对特定技能进行，以适应不同教师的需求和教学环境的变化。通过这种方式，高校英语教师能够更好地适应现代教育的需求，提升其专业化水平。

（二）研究型培训方法论

在现代高校英语教师的专业化发展中，研究型培训方法论强调将教师培训与具体的教育研究课题紧密结合，特别是与教师发展相关的研究。

研究型培训方法论主要围绕以下几个方面进行。

（1）教师教育效果的研究：探讨不同教学方法对教师专业技能和教育理念的影响，以及这些方法在实际教学中的应用效果。

（2）学习者学习效果的研究：关注学生的学习效果，研究教师的教学策略如何影响学生的学习成果。

（3）创造性教与学的研究：鼓励教师探索创新的教学方法和学习模式，以提高教学活动的创新性和有效性。

（4）教师学能的研究：注重教师个人学习能力的提升，包括对新教学理念的理解和应用。

此外，研究型培训还包括结合教师的观念和行为进行的研究。例如，教师对英语和英语教学的信念对其教学实践的影响。根据教师对英语的不同理解，他们的教学方式也会有所不同，尽管教师可能接受了现代的教学理念，但这些理念可能并未真正转化为具体的教学实践。对于缺乏科学理念的语言教学，教师的教学行为可能显得盲目或自以为是。因此，培训中应包含批判、审视、反思、解构和重建外语教学理念的环节。

（三）教材研用式培训方法论

在高校英语教师专业化发展的过程中，教材研用式培训方法论强调将教师培训与教材的深入研究和有效应用结合起来，这不仅符合现代外语教育的发展理念，也充分发挥了教材在教师专业成长中的重要作用。

具体而言，教材研用式培训方法论包括以下几个重要方面。

（1）教材理念与特色介绍。这包括对教材所蕴含的教学理念、特色教学途径和方法，以及教学模式的深入解析，帮助教师更好地理解教材设计的初衷和应用场景。

（2）教师个性化教材应用。培训中强调教师在教材使用过程中如何展现自己的教学风格和创新思维，使教材内容更加符合学生的实际需要。

（3）教材疑难问题讨论。针对教材中的难点和疑点，组织教师进行深入讨论和研究，共同寻找解决方案和教学策略。

（4）以教材为中心的教学活动设计。围绕教材课文主题设计富有创意的教学活动或任务，以提高课堂教学的实效性和趣味性。

（5）教案编写与教材再创作。引导教师根据自己的教学理念和教学风格，对现有教材进行修改或再创作，使教材更加贴合自己的教学需要。

通过教材研用式培训，高校英语教师不仅能够深入理解教材内容，还能在教学实践中灵活运用教材，从而有效提升自己的专业技能和教学水平。这种方法论为高校英语教师的持续专业发展提供了一个实用且高效的途径。

第三节　高校英语教师专业化发展的基本取向

在中国高校英语教师的专业化发展过程中，制定和遵循专业标准是极其重要的。参照澳大利亚学者因格瓦森（Ingvarson）的观点，高校英语教师的专业标准应建立在深入研究和追求最佳教育教学实践的基础上。这些标准不仅是对教师专业价值的阐述，更是指引教师明确其职业角色和能力范围的方向标。[①]

结合我国实际情况，高校英语教师专业化发展的基本取向可以归纳为以下几点。

一、英语教师专业发展应坚持"以学习者为本"

强调教师应以学生的需求和发展为中心，从而提高教学效果和学生的学习体验，主要体现在以下几个方面。

首先，教师对学生的热爱和关怀是实现教学目标的关键。教师不仅要传授知识，还要注重学生能力的培养和情感的培育。一位真正专业的教师，会将学生的学习成果和全面发展作为评价自己专业水平的重要标准。

其次，学生在教育体系中占据核心位置。学校的基本使命是促进学生的全面发展，因此教师应认识到学生在教育活动中的主体地位，并根据学生的实际情况和需求，调整和优化教学方法。

最后，教师专业发展的动力应来自学生学习目标与实际成绩之间的差距。教师应不断反思和调整教学方法，以更好地满足学生的学习需求，从而促进学生的全面发展。

综上所述，高校英语教师的专业化发展应始终围绕"以学习者为本"的核心理念展开，旨在通过关注和满足学生的需求来提升教师的专业能力和教学质量。

---

① 魏会延.教师学习共同体：促进教师专业发展的新途径[M].武汉：武汉大学出版社，2014：14.

二、英语教师专业发展应注重合作学习

在高校英语教师的专业化发展中，注重合作学习不仅局限于教师与学生之间，还包括教师与家长、同事以及社区的互动。

首先，教师与学生的合作对于提升教学质量和学生学业成绩具有显著作用。通过这种合作，教师和学生可以共同创造一个轻松和谐的学习环境，有助于加强师生关系，提高教学效果。在这一过程中，教师不仅传授知识，还与学生共同承担学业发展的责任，共同面对学习中的挑战。

其次，教师与同事之间的合作能够拓宽教师的教学视野，增强对学生身心发展的理解。通过团队合作，教师可以相互学习、共享资源，共同探讨教学方法和策略，从而提升整个教学团队的水平。

最后，教师与家长及社区的合作也是教师专业发展的重要部分。通过与家长的交流，教师可以更全面地了解学生的家庭背景和学习需求，从而更有效地指导学生。同时，与社区的合作有助于教师将教学内容与学生的实际生活相结合，提升教学的实用性和生动性。

总之，高校英语教师在专业化发展过程中，应重视与学生、同事、家长和社区的合作学习，这不仅有利于提升教师自身的教学能力，还能促进学生的全面发展，实现教育的多方共赢。

三、英语教师专业发展应偏向于实践取向

在高校英语教师专业化发展的进程中，实践取向的重要性愈发显著。教师专业标准不仅包括教师的专业态度和知识水平，还包括教师的实践能力。教师角色的形成和完善需在实践环境中进行，这强调了教学实践在教师发展中的核心地位。

教师的许多知识和技能源自个人的教学经验和对教学实践的深刻体会。因此，教师需要持续地进行自我反思，包括对自己的教学理念和教学行为的

反思，通过自我调整和构建实现专业成长。在这个过程中，将理论知识应用于实际教学中以解决教学实践中遇到的具体问题，显得尤为关键。

教学环境本身具有高度的不确定性和挑战性，教师专业发展的理论应当紧密结合实践。这种理论既不因其具体性而显得不成熟，也不因其不确定性而失去价值。恰恰相反，能够在理论与实践的交织中找到平衡点，是教师专业发展理论成熟的标志。因此，在高校英语教师的专业化发展过程中，应当强调从理论到实践，再从实践上升到理论的螺旋式上升过程。这一过程不仅促进了教师对教学的深刻理解，也为教师提供了持续自我完善和发展的机会。总体来说，实践取向是高校英语教师专业化发展的一条重要路径，它强调理论与实践的相互促进和深度融合。

四、英语教师专业发展应使教师教育者学会终身学习

在当前知识经济和信息技术快速发展的背景下，高校英语教师专业化发展的一个核心取向是培养教师的终身学习能力。教师作为知识传播者和学习引导者，其专业发展不仅基于其初期教育阶段所获得的专业知识和技能，更应是一个持续学习和自我更新的过程。

在不断变化的社会环境中，教师需要不断吸收和更新知识，这不仅包括他们所教授学科的最新知识，还包括跨学科知识、社会生活知识以及现代教育技术等领域的知识。这样的学习不仅限于正式的教育环境，还包括自我导向学习和非正式学习等多种形式。

教师的终身学习不仅是对自身专业能力的不断提升，也是对学生学习态度的积极示范。通过终身学习，教师可以更好地适应教育的变化，有效地传递知识，激发学生的学习兴趣，培养他们的终身学习习惯。因此，教师的专业发展应注重培养和强化终身学习的意识和能力，以适应现代社会的发展需求。

第三章 高校英语教师专业化发展外源动力：构建学习共同体

　　教师专业发展是教育领域中的一个重要话题，它被视为教师职业生涯的"生命线"。然而，高校英语教师在追求专业发展的过程中面临着许多挑战，包括现实生活的压力和工作强度的困扰。尽管学校提供了一些研讨会等外部支持，但这些只是外部推动力，并不能解决教师们所面临的内在阻力。在这样的背景下，教师学习共同体的出现为教师们提供了一个合作与交流的平台。本章将深入探讨高校英语教师学习共同体的相关内容，包括高校英语教师学习共同体构建现状、影响因素、步骤、策略等。

第一节　学习共同体与英语教师学习共同体

一、共同体

共同体是指由一群人组成的社会群体，他们在某些共同的利益、目标、价值观或身份上具有共识和归属感。共同体可以是基于地理位置、文化、宗教、职业、兴趣爱好等不同因素形成的。

共同体的形成通常建立在人们之间的相互依赖和互助关系上。成员之间通过共享资源、知识和经验来促进彼此的发展。共同体还可以提供社会支持、情感联系和认同感，使成员获得归属和安全。

共同体的特点包括共同的价值观和信仰体系、相互之间的合作和互助、共享资源和责任，以及共同决策和治理。共同体可以在不同层面存在，从小规模的家庭和邻里共同体，到更大规模的社区、组织和国家。

共同体对个人和社会的重要性在于它们提供了一种社会支持网络和社会资本的来源。共同体可以帮助个体实现自身的目标，提供情感上的满足和社会认同感。同时，共同体也对社会的稳定和发展起到重要作用，通过促进合作、凝聚力和社会凝聚力，推动社会的进步和繁荣。

然而，随着社会的变迁和全球化的发展，一些传统的共同体结构和关系可能受到挑战。现代社会中的个人主义、移动性和多元化等因素，可能导致共同体的弱化或分化。因此，维护和培育共同体意识和实践对于社会的可持续发展和社会和谐至关重要。

二、学习共同体

学习共同体的概念是基于共同体形成的，它强调在教育活动中建立共同的愿景、情感和价值观，并以真实的人物为核心，通过教师与学生之间以及学生与学生之间的深入互动和合作来实现共同的学习和成长。

学习共同体不仅被看作是一种组织和实体，还被看作是一种意识和精神。这意味着学习共同体不仅仅是一个物理空间或一个特定的组织结构，它更强调成员之间的共同意识和共同价值观的建立。学习共同体的成员分享相似的学习目标和追求，通过彼此的互动和合作，共同进步和成长。

学习共同体还可以提供专业发展的机会，如组织专题研究、教学观摩和互访等活动，帮助教师深入研究教学领域，并与其他教师进行深入的学术交流。这种专业发展的机会可以推动教师在教学实践中不断创新和改进，提高自身的教学能力和专业知识。

在学习共同体中，教师扮演着引导者和支持者的角色，通过创造有利于学习的环境和氛围，促进学生之间的互动和合作。学生之间也可以相互学习和支持，共同探索和解决问题，实现共同的学习目标。

学习共同体的核心特点包括以下几点。

（1）共同愿景。学习共同体的成员共同分享一个愿景或目标，这个愿景激励他们进行深入的学习和合作。

（2）情感共鸣。学习共同体的成员之间建立起情感上的联系和共鸣，彼此关心和支持，形成积极的学习氛围。

（3）价值共享。学习共同体的成员共享相似的价值观，这些价值观指导他们的学习行为和决策。

（4）真实参与。学习共同体的成员通过真实的参与和互动来学习，他们在实践中应用知识和技能，并通过反思和讨论来提高自己的学习能力。

学习共同体的目标是促进学习者的主动参与和深层学习，培养学习者的批判性思维、协作能力和创新能力。通过学习共同体，学习者可以获得来自教师和同伴的支持和反馈，拓展自己的知识和技能，并在共同的学习过程中实现个人和集体的成长。

三、英语教师学习共同体

英语教师学习共同体是指由一群英语教师组成的社会群体，他们在教学理念、教学方法、教材选择等方面有共同的兴趣和目标。这种共同体的形成旨在促进英语教师之间的合作、互助和专业发展。

英语教师学习共同体包含两大核心内涵。

第一，其终极目标是共同发展。在英语教师学习共同体中，教师们可以分享彼此的教学经验、教材资源、教学方法，并共同探讨教育理念和最佳实践。这有助于提高教师的专业水平，促进他们在教学中的不断成长和创新。

第二，共同学习和合作是英语教师学习共同体顺利运作的关键。成员之间相互平等、相互学习、相互支持，并共同承担责任和学习任务。这种合作与学习的氛围有助于激发成员的积极性和创造力，提高整体的专业水平。

学习共同体的核心理念是通过分享经验、交流观点和合作解决问题来提高教师的教学能力和专业素养。成员可以通过定期的会议、研讨会、培训课程和在线平台等形式进行交流和学习。他们可以分享教学资源、教学策略和最佳实践，互相提供支持和反馈，共同解决教学中的挑战。在英语教师学习共同体中，教师可以从其他教师的经验中获得启发，学习新的教学方法和技巧，并与同行进行反思和讨论。这种合作学习的过程可以帮助教师不断提升自己的教学水平，增强教学效果，同时也有助于建立职业认同感和归属感。

总之，英语教师学习共同体为教师提供了一个合作学习和专业发展的平台，通过共同学习和合作，教师可以不断提升自己的教学能力，提高学生的学习成果，共同推动英语教育的发展。

四、英语教师教育者学习共同体的历史演变

　　由于目前还没有专门针对教师教育者学习共同体的研究或理论，但教师学习共同体的相关研究已经形成了相对完整的理论体系。因此，接下来我们将主要分析教师学习共同体的历史演变。

　　20世纪80年代，学校教育与教师教育成为美国教育界的主题。在这一时期，美国教师提出了设立"专业实践学校"的概念，倡导大学和中小学建立"共生伙伴关系"，以实现共同的改革目标。随着"标准本位"教师教育模式的出现，有学者从知识的社会性角度出发，认为"学习是知识的社会协商，所以应建立'学习共同体'"。由此，"教师专业学习共同体"顺应产生，这一概念强调大学与中小学之间的协作一体化，旨在促进教师的专业发展和学校教育的改进。

　　同时，20世纪70年代后，校本培训逐渐受到人们的关注。由于传统的由大学师训机构或行政机构组织的培训往往无法解决学校面临的细小而棘手问题，培训与实际工作脱节，同一学校的受训教师与未受训教师之间缺乏及时的交流。① 为了解决这些问题，"校本"研究开始兴起，并催生了"教师专业学习共同体"的另一种形式：在学校内教师之间的协作。这种形式的共同体强调教师之间的交流与合作，旨在通过集体智慧解决实际问题，促进教师的专业成长和学校的发展。

---

① 郑金洲，陶保平，孔企平.学校教育研究方法[M].北京：教育科学出版社，2003：5.

第二节　高校英语教师学习共同体构建
现状及影响因素

一、高校英语教师学习共同体构建的现状

(一) 高校英语教师专业学习共同体构建的现状

1. 合作意识不强

目前英语教师专业学习共同体构建存在合作意识不强的问题。而造成此问题的原因可能有以下几个。

第一，缺乏共同目标和价值观。教师们可能没有明确的共同目标和共享的价值观。如果每位教师都追求自己的个人目标，而不是与他人合作实现共同的目标，那么合作意识就会减弱。

第二，竞争文化的存在。在某些情况下，教师之间存在竞争文化，他们可能更关注自己的个人表现和评价，而不是与他人分享和合作。这种竞争文化可能会抑制合作意识的发展。

第三，缺乏有效的沟通和协调机制。如果教师之间缺乏有效的沟通和协调机制，他们可能很难进行合作。缺乏共同的时间和空间来交流和分享教学经验也会限制合作的机会。

第四，缺乏合作的激励和奖励机制。如果教师在合作中没有得到足够的激励和奖励，他们可能不太愿意主动参与合作。缺乏奖励机制可能导致教师更倾向于独立工作，而不是与他人合作。

为了解决以上问题，可以采用以下方法：明确共同的目标和价值观，使教师们认识到通过合作可以实现更大的价值和成就感；鼓励教师之间的互助和合作，营造一个支持合作的环境。可以通过组织合作项目、分享教学经验等方式来培养合作文化；为教师提供必要的支持和资源，包括时间、培训、技术支持等，以促进合作，这可以包括组织定期的合作会议、研讨会和培训

活动等；确保教师之间有畅通的沟通渠道和协调机制，使他们能够及时交流和分享信息、经验和资源；建立合适的激励和奖励机制，鼓励教师积极参与合作。这可以包括表彰合作成果、提供专业发展机会等。

通过采取这些措施，可以促进英语教师专业学习共同体的构建，并增强教师之间的合作意识和合作能力。

2.教学方法滞后

首先，由于英语教师教育者专注于教学任务的履行，他们在教学方法方面往往滞后于最新的教育理论和实践。这种滞后的现状给构建专业学习共同体带来了一定的挑战。教师教育者可能没有足够的时间和机会了解最新的教育理论和研究成果。他们忙于备课、授课和评估学生，很少有时间进行深入的专业学习和研究。因此，他们可能对于新兴的教学方法和教育技术了解不足，无法及时应用到自己的教学实践中。其次，教师教育者的专业发展往往受限于学校和教育机构的支持和资源。一些学校可能没有提供充足的培训和学习机会，或者没有建立起有效的专业学习共同体。这使得教师教育者难以接触到最新的教学方法和教育资源，限制了他们的专业成长和创新能力。此外，一些教师教育者可能对于改变自己的教学方法持保守态度。他们可能习惯于传统的教学方式，对于新兴的教育理念和方法持怀疑或抵触态度。这种思维定式导致他们不愿意尝试新的教学方法，错过了提升教学效果和学生学习成果的机会。

然而，构建一个专业学习共同体需要教师教育者不断更新自己的教学方法和知识。只有通过学习和应用最新的教育理论和实践，教师教育者才能不断提高自己的教学水平，并与其他教师教育者进行有效的交流和合作。为了改变教学方法滞后的现状，可以通过加强培训支持、建立专业学习共同体和教师自身的努力来推动教师教育者的教学方法与时俱进，提升英语教育的质量和效果。

3.科研能力不强

科研能力不强是我国英语教师专业学习共同体构建的一个重要问题。在构建专业学习共同体的过程中，英语教师教育者需要具备科研能力，以推动教育实践的创新和发展。然而，目前一些英语教师教育者在科研方面存在一些困难和挑战。

首先，一些英语教师教育者可能缺乏科研意识和科研方法的培养。在教育实践中，他们主要关注教学工作，对科研的重要性和方法了解不足。缺乏科研意识和方法的培养使得他们在进行科研工作时面临困难。其次，一些英语教师教育者可能缺乏科研资源和平台的支持。科研需要丰富的资源和平台支持，包括文献检索、实验设备、科研经费等。然而，一些英语教师教育者可能无法获得充足的资源和平台支持，限制了他们开展科研工作的能力。此外，一些英语教师教育者可能缺乏科研导师和合作伙伴的指导和支持。科研是一个团队合作的过程，有经验的科研导师和合作伙伴可以提供指导和支持，帮助英语教师教育者提升科研能力。然而，目前一些英语教师教育者可能无法获得有效的指导和合作机会。

针对这些问题，可以采取加强英语教师科研意识和方法的培养、建立科研导师和合作伙伴的指导机制、鼓励科研成果的应用和推广等措施，逐步提升我国英语教师教育者的科研能力，促进专业学习共同体的构建和发展。

4.反思习惯欠缺

反思习惯对于教师教育者发现和改进教学中的问题具有积极作用。然而，目前我国英语教师教育者在这方面仍有待提高，需要培养和加强反思习惯，以促进专业发展和共同体的构建。在英语教师教育者专业学习共同体的构建过程中，反思习惯的缺乏是一个显著的问题。许多教师教育者习惯于按部就班地完成教学任务，而缺乏对自己教学行为的深入思考和分析。这种缺乏反思习惯的现状限制了他们对教学实践的全面理解和有效改进。

缺乏反思习惯可能导致教师教育者忽视教学中的问题和挑战。他们可能没有意识到自己的教学方法是否适应学生的需求，是否能够激发学生的学习兴趣，以及是否能够有效地促进学生的语言能力发展。没有反思习惯，教师教育者很难意识到这些问题，并及时采取行动进行改进。

要解决这一问题，英语教师教育者需要培养和加强反思习惯。首先，他们应该意识到反思是专业发展的重要组成部分，并理解反思对于提高教学质量的重要性。其次，他们可以通过不断自问和自我评估来培养反思习惯。教师教育者可以在每节课后反思自己的教学表现，思考哪些方面做得好，哪些方面可以改进。此外，他们还可以与同事进行合作，相互观摩和交流教学经验，以促进反思和学习。

加强反思习惯对于构建英语教师教育者专业学习共同体至关重要。通过反思，教师教育者可以更好地了解自己的教学实践，发现问题并及时改进。同时，他们还可以与其他教育者共同探讨教学经验和教育理念，促进专业发展和共同成长。通过共同反思和学习，英语教师教育者可以建立起一个积极互助的学习共同体，共同提高教学水平，为学生提供更好的教育服务。

5.组织学习能力有待提高

我国英语教师教育者面临着组织学习能力不足的问题。许多教师在取得一定成绩后，容易满足于现状，教学方法和教学内容长期不变，未能与时俱进地适应社会发展和学习者的需求。

这种组织学习能力的局限性导致英语教学难以跟上信息化时代的发展步伐，学习者的英语水平难以得到有效提升。随着社会的不断进步，语言也在不断发展变化。英语教师教育者应具备更加开放和多元的思维方式，不断提升自身能力，以促进教师教育者专业学习共同体的构建。

6.未完全做到以学习者为本

英语专业学习共同体的构建应以学习者为中心，以提高学习者的英语实用水平为目标。教师教育者应该始终关注学习者的发展需求，并发挥好学习指导者的角色。然而，由于传统教学观念的限制，教师教育者通常以知识的传授者和课堂的掌控者的身份出现，未能充分尊重学习者的学习需求。

为了解决这个问题，建立英语专业学习共同体时需要更多地考虑学习者的具体需求和英语专业的发展。这可以通过采用多样化的教学手段和形式来促进教学的发展。例如，可以引入项目学习、小组合作和实践活动等教学方法，以激发学习者的主动性和积极性。

此外，教师教育者还应重视激发学习者的学习兴趣，让他们认识到英语学习的乐趣和有效性。这可以通过设计有趣的教学内容、引入实际应用场景和鼓励学习者参与交流讨论来实现。同时，教师教育者还可以提供个性化的学习支持，根据学习者的不同需求和兴趣提供针对性的教学指导。

总之，构建以学习者为本的英语专业学习共同体需要教师教育者充分关注学习者的需求，并采用多样化的教学手段和形式来提高教学效果。通过激发学习者的学习兴趣和提供个性化的学习支持，可以更好地促进学习者的英语实用水平提高。

（二）高校英语教师教育者学术学习共同体构建的现状

1. 学术整体性被割裂

在当今时代，专业化对教师教育者的学术研究提出了更高的要求，这也是现代学术界的基本要求。然而，跨领域或无领域的研究往往难以评估，这类研究常常不受专家们的青睐，甚至可能遭到排斥。为了实现对学术系统的有效控制，专家们倾向于构建严密的专业体系。

然而，专业化与专家现象对教师教育者学术研究的整体性构成了破坏，形成了难以逾越的鸿沟。这导致共同话语的消失，使得知识变得难以统一。学术研究的整体性被割裂，导致人们对人类发展的整体关怀成为空谈。

专家们曾经指出，专业化意味着失去对知识和艺术原初的追求，其结果是我们无法将知识和艺术视为选择和决策、奉献和联合，而只能以冷漠的理论或方法论来看待它们。因此，在专业化的背景下，教师教育者学习共同体更多地被视为技术性的活动。

教师教育者不应被困在既定的框架内，而应在现有体系的基础上进行创新和改进。他们需要跳出专业的限制，以更广阔的视角审视学术研究，从而为学术发展作出更大的贡献。

2. 观点的随意性堆积

在当今社会，信息爆炸和文化繁荣给知识分析带来了前所未有的挑战。许多教师教育者希望通过媒体平台提升自己的知名度，这与过去长时间默默耕耘、潜心研究才能获得声誉的方式大相径庭。然而，当教师教育者试图借助媒体获得权威时，他们往往受到市场规则的制约，导致失去学术研究的独立性。这使得他们在发表观点时容易偏离学术范畴，甚至在面对质疑时显得信心不足。

尽管人们接受了教师教育者关于学术研究的承诺，但这些承诺往往难以兑现，从而削弱了学术的公信力。这些承诺与学术研究本身并无直接关联，却被赋予了学术的外衣。由于这些承诺频繁未能实现，学术学习共同体的公信力受到严重威胁。

为了维护学术的公信力，教师教育者需要坚守学术研究的独立性，避免受到市场规则的干扰。同时，他们也需要更加审慎地发表观点，确保与学术研究的范畴相符合。通过坚守学术研究的独立性和真实性，教师教育者可以恢复和维护学术学习共同体的公信力。

3. 缺乏建设性价值判断

教师教育者在当前的生存环境中面临着越来越多的价值评判。他们感到需要一种心理上的支持，而教师教育者学习共同体正好满足了这一需求。然而，在学习共同体中，教师教育者的价值判断往往显得简单和空洞。他们似乎忘记了自己是否有能力进行有意义的建构，而只是追求表面的鼓动和造势。他们似乎认为，只要进行了批判，公正的未来就会自然而然地到来。这种价值判断显然缺乏建设性，导致学习共同体的发展受到限制。

教师教育者学术学习共同体的合法性依赖于道义的支持和参与。在媒体高度发达的时代，学术道义使教师教育者学习共同体成为公众关注的焦点。这种道义不仅给予大众一个摆脱商品奴役的希望，而且使教师教育者群体成为他们心中的楷模。

为了提升我国英语教师的整体素质，我们需要科学、有效地组织教学工作者和教学管理者构建一个高质量的教师教育者专业发展的学习共同体。这将有助于提升我国英语教学的质量，并为我国的人才培养做出重要贡献。通过这样的学习共同体，可以促进教师教育者的专业发展，提高他们的教学水平和学术研究能力，从而为我国的教育事业注入新的活力。

二、高校英语教师学习共同体构建的影响因素

高校英语教师学习共同体的构建是一个复杂的过程，受到多个因素的影响。以下是一些可能影响高校英语教师学习共同体构建的因素。

（一）学校的组织文化

学校的组织文化对于学习共同体的构建起着重要作用。如果学校鼓励合作、分享和专业发展，教师们更有可能形成学习共同体。

当学校鼓励合作时，教师们更愿意与其他教师合作、交流和分享经验。他们可以一起讨论教学问题、分享教学资源和策略，并从彼此的经验中学习。合作可以促进教师之间的互动和相互支持，营造出一个积极的学习环境。

学校鼓励分享时，教师们更愿意分享自己的教学经验、教材和教学方法。他们可以通过教研活动、研讨会和教学观摩等方式分享自己的教学实践，从而促进教师之间的学习和成长。

学校鼓励专业发展时，教师们更有动力提升自己的教学水平和专业能力。学校可以提供专业发展机会，如培训课程、研究项目和参加学术会议等，以帮助教师不断学习和更新教学知识。这种专业发展的氛围可以激发教师们的学习热情，促进学习共同体的形成。

总之，学校的组织文化对于学习共同体的构建具有重要影响。鼓励合作、分享和专业发展的学校文化能够激发教师的学习热情，促进教师之间的互动和合作，从而构建一个积极的学习共同体。

（二）有效的交流和合作机制

学习共同体的目标是通过集体努力来共同学习和成长。有效的交流和合作机制能够促进成员之间的知识共享，使得每个人都能从其他人的经验和见解中受益。通过交流和合作，成员可以分享自己的知识、观点和想法，从而丰富学习共同体的整体知识库。

学习共同体中的成员通常具有不同的背景、经验和专业知识。有效的交流和合作机制可以促使成员之间进行深入的讨论和思考，从而带来多样化的观点和思维方式。这种多样性可以激发创新和创造力，并且有助于解决问题和面对挑战时提供更全面的解决方案。

学习共同体的成员通过相互学习和支持来共同进步。有效的交流和合作机制可以建立起积极的学习环境，激发成员的学习动力和承诺。当成员感受到彼此的支持和鼓励时，他们更有可能积极参与学习活动，并且更有动力克服困难和挑战。

有效的交流和合作机制为学习共同体成员提供了反思和反馈的机会。成员可以通过交流和合作来分享他们的学习心得和经验，同时也可以接受来自他人的反馈和建议。这种反思和反馈过程可以帮助成员不断改进自己的学习方法和策略，从而提高学习效果。

总之，有效的交流和合作机制是构建学习共同体的基石。它们可以促进知识共享、提供多样化的观点和思维方式、增强学习动力和承诺，以及促进反思和反馈。通过建立良好的交流和合作机制，学习共同体的成员可以共同成长、相互支持，并取得更好的学习成果。

（三）教师个人因素

英语教师个人的态度和意愿对英语教师学习共同体的构建和发展具有重要影响。

英语教师的态度和意愿能够对其他教师产生示范作用。如果一位英语教师展现出积极、乐观、专业的态度，并表达对学习和成长的渴望，其他教师可能会受到鼓舞，也会更愿意积极参与到学习共同体中。

英语教师的个人态度和意愿会影响他们是否愿意与其他教师合作。如果一位教师对合作持开放态度，愿意分享自己的经验和知识，并乐于与他人互相学习，那么学习共同体就更容易形成。相反，如果教师缺乏合作意愿，只关注个人利益，那么学习共同体的建立就会受到阻碍。

英语教师的个人态度和意愿也会影响他们在学习共同体中的沟通和互动方式。如果教师倾向于积极参与讨论、提出问题、分享观点，并愿意倾听和尊重他人的声音，那么学习共同体的成员之间的交流和合作就会更加顺畅和有效。

英语教师的个人态度和意愿对他们的学习动力和自主学习能力产生影响。如果教师对自身的专业发展充满热情，并愿意主动学习新知识、探索新教学方法，那么他们会成为学习共同体的积极推动者，促进共同体成员之间的学习和成长。

综上所述，英语教师个人的态度和意愿对于构建和发展英语教师学习共同体至关重要。积极、合作、开放的态度能够促进共同体成员之间的互动和合作，提高整个共同体的学习效果和成长。

（四）资源支持

高校英语教师学习共同体的构建需要一定的资源支持，包括时间、经费和技术支持，原因如下。

1. 时间支持

构建学习共同体需要教师投入时间进行合作、交流和分享。教师需要有足够的时间参与共同体的活动，如参加会议、研讨会、研究小组等，以便与其他教师进行互动和合作。此外，教师还需要时间来准备和分享教学资源、讨论教学问题，并进行反思和改进。因此，为教师提供充足的时间支持对于学习共同体的构建至关重要。

2. 经费支持

学习共同体的构建可能需要一些经费来支持组织活动、培训和资源开发。例如，组织研讨会、工作坊或研究项目可能需要一定的经费用于场地租赁、讲师费用、材料购买等。此外，共同体成员可能需要经费支持来参加学术会议、培训班或研修项目，以提升自身的专业能力和教学水平。因此，经费支持对于学习共同体的可持续发展和有效运作非常重要。

3. 技术支持

在当今数字化时代，技术支持对于学习共同体的构建也至关重要。教师需要使用各种技术工具和平台来进行在线交流、资源共享和合作研究。例如，教师可以利用在线论坛、博客、社交媒体等平台进行交流和分享。同时，教师还需要掌握使用教育技术工具和在线学习平台的能力，以便更好地支持教学和学习活动。因此，提供必要的技术支持，包括培训和技术设备，对于学习共同体的构建至关重要。

（五）专业发展机会

专业发展机会是英语教师学习共同体构建的重要影响因素，原因如下。

英语教师需要不断更新自己的知识和专业技能，以适应不断变化的教育环境和学科发展。专业发展机会可以提供英语教师学习新的教学方法、教材和评估工具的机会，帮助他们不断提升自己的教学水平。

专业发展机会可以帮助英语教师建立自己的专业认同和归属感。通过参与专业发展活动，英语教师可以与同行共同追求教学卓越，感受到自己作为专业人士的重要性和价值。这种专业认同和归属感可以增强英语教师的工作满意度和职业发展动力。

专业发展机会通常提供学习资源和支持，包括教学材料、研讨会、培训课程等。这些资源和支持可以帮助英语教师更好地开展教学工作，提供更优质的教育服务。同时，专业发展机会还可以提供教学指导和反馈，帮助英语教师改进自己的教学实践。

总之，专业发展机会对于英语教师学习共同体的构建具有重要的影响因素。它可以促进知识更新和专业发展，促进教师之间的交流和合作，建立专业认同和归属感，提供学习资源和支持。通过共同参与专业发展机会，英语教师可以不断提高自己的教学水平，为学生提供更好的教育。

需要注意的是，这些因素相互影响，可能因不同的学校和教师群体而有所差异。构建学习共同体需要学校、领导和教师们共同努力，通过合作和分享来促进教师的专业发展和教学质量的提高。

第三节　高校英语教师学习共同体构建的步骤与策略

一、高校英语教师学习共同体的建构步骤

英语教师学习共同体的建构不能急于求成，也不可能一蹴而就，而应采取一定的步骤有计划地进行。

（一）建立信任关系

构建英语教师学习共同体，离不开优质的人际关系，而信任在其中扮演着至关重要的角色。简单来说，信任就是团队成员对彼此行为的可靠性和承诺的信心。

当教师感受到信任时，他们更愿意积极参与学校组织和教学工作，从而提高教学团队的凝聚力。而这种信任关系的建立，对整个学习共同体的成长和发展也具有积极的影响。

如果个体在教师中受益，那么整个学习共同体也将从中受益。在这种背景下，当共同的目标或愿景得以明确时，团队成员之间的相互信任关系便得以稳固。这种信任关系不仅有助于提高团队的协作效率，还有助于增强团队成员之间的凝聚力，从而推动学习共同体的持续发展和进步。

（二）形成共同愿景

共同愿景具有鲜明的强制性特征，因此在英语教师学习共同体内部生根发芽面临较大困难。真正的共同愿景应自下而上地形成，充分发挥教师的积极作用。通过这种方式，共同愿景才能真正激发教师的热情，使他们感到其价值与意义，从而在实践中发挥其应有的作用。

1. 共同体成员的讨论

建立一个专门的小组来收集和整理教师的意见，可以有效地促进共同愿景的形成。通过这样的小组，可以收集到来自不同成员的观点和想法，从而更好地了解他们对共同愿景的理解和期望。这可以为领导层提供宝贵的信息，帮助他们更好地推动共同愿景的构建，并将其融入日常工作中。

确保小组具有多样性和包容性也是非常重要的，因为来自不同背景和经验的意见可以丰富共同愿景的内容，并促进更全面、平衡的发展。同时，领导层的持续推动对于确保共同愿景能够在组织中根深蒂固地落实起到至关重要的作用。这需要领导者在日常工作中不断强调并引导团队朝着共同愿景的方向前进，以确保所有成员都对其认同并将其作为行动的指导原则。

2.初步形成共同愿景

在收集意见和看法时，确保提供充分、真实的信息给学习共同体的成员，使他们能够全面了解愿景的内容。同时，对收集到的意见和看法进行整理和分析，以便更好地理解成员的需求和期望，并将其纳入最终的共同愿景中。

3.确立教师的个人愿景

教师教育者的个人愿景是指他们对教育领域的未来发展和自身角色的理解和期望。这个愿景应该超越个人利益，关注更广泛的教育社群，并与学习共同体的目标相一致。以下是一些教师在形成个人愿景时可以思考的问题。

（1）教师应该思考学习共同体的整体目标是什么，如培养学生的综合素养、促进社会公平等。他们的个人愿景应与这些目标相契合，以确保自己的努力能够为学习共同体的发展做出贡献。

（2）教师应该思考教师之间的合作和互动对于共同愿景的重要性。他们的个人愿景应该鼓励和促进教师之间的合作，以建立一个支持和激励的学习共同体。

（3）学习者应获得的知识和技能：教师应该思考学习者应该获得什么样的知识和技能，以实现学习共同体的目标。他们的个人愿景应该与这些需求相一致，以确保他们的教育实践能够满足学习者的需要。

（4）教师应该思考什么样的教学方法和策略被认为是高效的，并将这些标准纳入个人愿景中。他们应该为自己设定高标准，不断追求教学的卓越，以实现共同愿景。

通过深入思考这些问题，教师可以形成具有个人特色的个人愿景，并将其与学习共同体的目标相结合。这个愿景将成为教师努力的动力和指导，帮助他们在教育领域取得积极的影响。

（三）创建团体文化

为了促进学习共同体的发展，教师需要从以下方面开展积极合作。

第一，教师应与文化领域进行合作，形成一个共同的愿景。这一愿景的建立有赖于教师对学校未来的信心以及对共同目标的期盼。只有这样，学习共同体才能得以存在并获得发展。

第二，教师之间应加强合作与协作。由于教师所属学科、教学层次不同，各自具有独特的优势与劣势。通过合作与协作，可以促进教师之间的交流，形成优势互补的良性循环，为学习共同体的建立创造良好的环境。

第三，教师之间的合作并不是一成不变的，而应该随着教学情况的变化而变化。这种流动性代表了学习共同体的发展、变化与开放，是团体文化创建的重要因素。只有保持开放和发展的态度，才能不断适应新的教学情况，推动学习共同体的持续发展。

（四）培养团队精神

在实现共同愿景的过程中，团队成员需要建立相互信任和尊重的关系，鼓励开放的沟通和合作。他们可以共享自己的经验和知识，互相学习和互相支持，以促进个人和团队的成长。

团队学习是一个重要的方面，通过集体智慧和集思广益，团队成员可以共同解决问题、制定策略和创新方法。这种协作和学习的过程可以激发创造性思维，促进个人和团队的发展。

教师和管理层之间的对话是非常重要的。他们可以共同探讨教育政策、教学方法和专业发展的问题，以促进更好的教育环境和支持教师的发展。这种对话可以建立新的专业关系，促进知识共享和合作。

在英语教师专业学习共同体中，个体专业化的重要性是不可忽视的。每位教师都应该不断提高自己的教学技能和专业知识，但同时也要积极参与到专业团体的建设中。通过参与团队合作和共同学习，教师可以提高整个团队应对困难的能力，并共同解决问题。

不同团队之间存在差异，但共同体内的团队合作精神非常重要。所有成员都应该相互协调和配合，实现统一行动。这需要加强思想认识，确保个人发展目标与共同体的整体目标相结合。通过共同努力和团结合作，团队成员可以更好地完成既定任务，实现英语教师专业学习共同体的整体目标。

（五）提高建构深度

在提高建构深度方面，英语教师专业学习共同体可以采取以下措施。

1. 创造积极的学习环境

共同体成员之间应建立积极、支持和尊重的学习环境。这种环境可以鼓励成员分享自己的观点、经验和资源，促进彼此之间的互动和合作。

2. 设计有针对性的学习任务

为了提高建构深度，共同体可以制定具体的学习任务，要求成员进行深入的研究和思考。这些任务可以涉及教学方法、课程设计、评估策略等方面，旨在激发成员的思考和创新。

3. 提供专业指导和支持

共同体可以邀请专业的教育导师或领域专家为成员提供指导和支持。这些导师可以分享他们的专业知识和经验，帮助成员解决问题、拓宽视野，并提供反馈和建议。

4. 鼓励反思和反馈

共同体应鼓励成员进行反思和反馈。成员可以定期回顾自己的教学实践，思考改进的方向，并向其他成员提供反馈。这种反思和反馈的过程可以帮助成员深入思考自己的教学方法和理念，从而提高建构深度。

通过以上措施，英语教师专业学习共同体可以为成员提供一个积极的学习环境，促进他们在教学实践中的专业发展和成长。这种合作和学习的模式可以帮助教师不断提高自己的教学能力和专业水平，从而更好地服务于学生的学习和发展。

二、高校英语教师学习共同体的建构策略

（一）宏观策略

1. 校本教研

校本研究是教师学习共同体建构的方向性策略，应该涉及以下几个方面的内容。

（1）教师文化

教师文化对教师的专业学习和发展起着积极的促进作用。教师文化强调平等、开放、合作、共享的相互依存与信任关系，这种文化的建立可以为教师提供一个良好的学习和成长环境。

在教师文化中，倡导教师群体进行关于教学沟通与协调问题的专业对话是非常重要的。通过专业对话，教师们可以分享彼此的教学经验、教学方法和教学资源，相互学习和借鉴，提高教学水平。专业对话还可以促进教师之间的合作与协作，共同解决教学中的问题和挑战，提高教学效果。

（2）将课题研究作为纽带

英语教师专业学习共同体是一种通过教育教学实践来促进教师专业发展的学习模式。这个学习共同体的核心理念是将教学和科研相结合，通过不断的研究和探究来提高教师的教学水平。

在这个学习共同体中，教师可以通过研究现有的教育研究成果来获取灵感，并结合学校的具体情况进行有针对性的探究。通过对已有研究的分析和借鉴，教师可以找到新的研究切入点，推动研究的发展，并将研究成果应用到实际教学中。

即使在条件有限的情况下，教师也可以根据现有的教学条件进行分析，最终取得完整的研究成果。这种实践性的研究可以帮助教师更好地理解学生的需求和教学环境的特点，从而提高教学效果。

总之，英语教师专业学习共同体将课题研究作为纽带，通过将教学和科研相结合，促进教师专业发展，提高教学质量。教师可以通过研究和探究不断改进自己的教学方法，从而更好地满足学生的学习需求。

（3）教学和研究合作的基本形式

团队协作是教师进行教学研究的基本形式，也是合作研究正常运行的重要基础。因此，积极开展教师社区教学，共同讨论共同的问题，有助于提升教师的专业能力。

在英语教师专业学习共同体中，每位参与者都为团队的建设贡献自己的力量，这体现了多边合作的特征。专业指导是教师专业发展过程中的重要组成部分，具有明确的指导意义。

教师可以通过与其他同行的合作学习来促进交流和合作。这种合作可以促进教师之间的互动和知识共享，激发创新和改进教学实践的想法。通过合作学习，教师可以相互借鉴经验，分享教学资源和教学策略，并共同解决教学中的挑战。

2.进行专业指导

在教师专业发展过程中，专业指导是至关重要的。专业指导提供了指引和支持，帮助教师在他们的职业生涯中成长和发展。它可以包括以下方面。

（1）教师可以与经验丰富的导师建立联系，从他们那里获取指导和建议。导师可以分享自己的教学经验和技巧，帮助新教师适应教学环境。导师可以提供实用的建议，帮助教师解决教学中的问题，并提供支持和鼓励。

（2）专业指导还可以促使教师对自己的教学实践进行反思。通过反思实践，教师可以审视自己的教学方法和效果，思考如何改进教学策略和教学资源的使用。反思实践可以帮助教师不断提高自己的教学能力，并逐步发展成为专业水平更高的教师。

（3）专业指导还可以帮助教师制定和实施个人的专业发展计划。通过与导师和同行的讨论和反馈，教师可以明确自己的专业目标，并制定相应的行动计划。专业发展计划可以帮助教师有条不紊地推进自己的专业发展，不断提升自己的教学能力和专业素养。

（二）微观策略

从微观层面上说，教师学习共同体的构建需要学校领导和教师双重努力。

1.学校领导应对英语教师的专业学习共同体建设给予支持

（1）学校领导积极从管理者转变为服务提供商

学校领导需要从传统的管理者角色转变为服务提供商，为教师提供支持和条件，这可以包括提供专业发展经费、教学资源、专家指导或专业培训机会等。通过这些支持和资源，教师可以更好地参与专业学习社区活动，并不断提升自己的教学能力和专业水平。

（2）协助教师教育者搭建英语教师专业学习共同体的共同愿景

共同愿景是英语教师专业学习共同体的核心特征。当教师拥有共同愿景时，他们的教学活动能够与社会实践紧密相连。缺乏共同愿景，学习型社区难以建立，教师的专业发展也会受到限制。

共同愿景提供了一个共同的框架，用于指导教师的专业发展。在共同愿景的引导下，教师们可以更有针对性地选择专业发展方向，追求共同的目标，并相互支持以取得更大的进步。共同愿景有助于提高英语教育的质量。通过共同追求卓越、创新和持续改进，教师们能够共同推动教育的发展，确保学生获得更好的学习体验和更全面的教育。因此，学校领导需要协助教师搭建英语教师专业学习共同体的共同愿景，以促进教师的专业发展和学习型社区的建立。

（3）获得时间和安全空间

时间和安全空间是教师专业学习社区存在的重要条件。对于教师来说，他们面临着教学压力和其他工作任务，很难自行安排时间进行专业学习社区活动的探索。因此，学校领导在这方面发挥着重要作用，可以采取以下措施来支持教师的专业学习和合作。

第一，安排固定时间。学校领导可以为教师之间的讨论和交流安排固定的时间，如每周或每月的例会、研讨会或工作坊。这样教师可以在这些时间段内专注于专业学习和合作，而不会受到其他工作任务的干扰。

第二，提供安全的空间和环境。学校领导可以为教师提供一个安全的空间和环境，使他们能够自由地分享和讨论自己的教学经验、问题和挑战。这个空间可以是一个专门的教研室、在线平台或专业学习社区。在这个安全的环境中，教师可以相互支持、互相学习，并共同探索解决问题的方法。

通过以上措施，学校领导可以为教师创造一个积极的专业学习社区，提供时间和安全空间，促进他们的专业学习和合作，从而提高教师的教学质量和教育水平。

2.要加强英语教师在建立专业共同体上所需要的各方面能力

第一，英语教师需要具备专业知识和教学技能。这包括对英语教学理论和实践的深入了解，了解最新的教学方法和教材，以及能够灵活运用各种教学策略和评估方法。他们应该不断更新自己的知识，参加专业培训和研讨会，与同行分享经验，提高自己的教学水平。

第二，英语教师需要具备协作和领导能力。建立专业共同体需要教师之间的紧密合作和相互支持。教师应该能够与其他教师建立良好的合作关系，共同制定教学目标和计划，并相互协助解决教学中的问题。他们还应该能够在学校领导的指导下，领导和组织教师共同学习和专业发展的活动，促进教师之间的互动和学习。

第三，教师要提高自己的沟通协作能力。教师专业学习共同体的构建是指教师之间形成一个共同的学习群体，通过合作学习、资源共享和专业交流等方式，共同解决教育教学中的问题，提升自身的专业素养和教学能力。这种共同体的构建可以促进教师之间的互动和合作，从而达到共同进步和提高的目标。

在教师专业学习共同体中，沟通协作能力起着重要的作用。教师需要通过有效的沟通与他人交流，分享自己的经验和观点，倾听他人的意见和建议。在沟通中，要尊重他人的意见和观点，积极倾听他人的建议。通过倾听他人的意见，可以拓宽自己的思路，获得更多的启发和帮助。在沟通中，还要及时给予他人积极的反馈和肯定，鼓励他们的贡献和努力。积极的反馈可以增强合作氛围，促进共同学习和成长。通过沟通协作，教师可以互相启发，共同探讨解决问题的方法和策略，相互支持和帮助，提升自身的专业水平。通过提升教师的沟通协作能力，还可以促进专业学习共同体的发展，提高教师的专业素养和教学能力。这将有助于提升我国英语教学力量，培养更多优秀的英语人才，为我国社会的发展做出贡献。

总之，英语教师在建立专业共同体上需要具备专业知识和教学技能，同时具备协作和领导能力。通过不断学习和与同行的合作，他们能够提高自己的教学水平，并为学校教师的整体发展做出贡献。

第四章　高校英语教师专业化发展内生动力：开展教学反思

　　反思被认为是教师专业发展的核心要素。作为高校英语教师，教学反思是提高教学质量和效果的关键性实践。教学反思是一种系统性的思考和评估过程，通过反思自己的教学方法、学生的学习情况以及教学过程中的问题和挑战，教师可以发现问题并提出改进方案，从而不断提高自己的教学能力。本章将重点探讨如何通过教学反思来促进高校英语教师的专业发展。

第一节　反思性教学与高校英语教师教学反思能力

一、反思性教学

（一）反思性教学的产生

杜威首次提出了反思的概念，并在20世纪初开始推崇反思性思维和反思性教学。在《我们怎样思维》一书中，他深入探讨了反思性问题，认为反思是一种特殊的思维形式，通过对直接经验情境中的疑问和窘迫进行反思，可以引发有目的地探究和问题解决。这种思维形式依赖于以往经验的观察进行推理，并需要经过检验来作为未来推理的依据。通过反思，行动与知识可以结合起来。

杜威认识到教学问题情境的复杂多变，他强调教育应该融入生活，通过实践和经验反思来学习，而不仅仅是为未来的生活做准备。他的思想对于推动教育的实践性和现实性具有重要启示。

萧恩在杜威的基础上进一步发展了反思性教学的理论和实践。他详细阐述了反思性实践和行动，并强调反思性教学是在行动中主动尝试，对问题进行思考、设计和策划，并形成临时性的行动策略。他的著作对于指导反思性教师和推动反思性教学的发展起到了重要作用。

在萧恩的努力下，反思性教学逐渐受到广泛关注。在20世纪80年代中后期，随着人类文化的自我反思潮流兴起，反思性教学成为教育研究领域的热点问题，并广泛应用于教师教育、课程开发、课堂教学改革等领域。反思性教学的教育策略为教师和学生提供了更多的思考和探究的机会，促进了教育的改进和发展。

（二）反思性教学的特点

关于反思性教学的特点，一些学者提出了自己的观点。

波拉德（Pollard，2001）对反思性教学的特点进行了讨论与研究，总结出以下几个特点。

（1）主动性和质疑性。反思性教学强调主动思考和质疑，教师不仅关注教学目标，还关注实现目标的方式是否有效。教师需要以批判性的眼光审视教育政策、目标和价值观，并提出质疑。

（2）动态性和循环性。反思性教学是一个动态的过程，采用循环和螺旋上升的形式。教师不断调节、评价和改进自己的教学，并在此基础上进行新一轮的反思和研究，以持续提高教学质量。

（3）实践性和实验性。为了支持教师教学能力的发展，反思性教学要求教师掌握课堂教学研究的方法。这需要教师具备实验能力、分析能力和评价能力。实验能力包括收集和分析数据，数据既包括客观的如考试成绩、问卷调查等，也包括主观的如观点、情感等。评价能力是对数据进行解释的能力，使事实变得有意义和有价值。

（4）调节性和职业性。教师的职业判断能力是反思性教学的基础。这种判断能力来自教师的反思和教育学科研究的理论与实践。教师的信念和理念对教学有一定的影响，反思性教学将这些隐性理念显性化，并接受实践检验，形成指导性的教学理论。

（5）合作性和有效性。反思性教学注重与同事和研究者合作与对话，促进教师专业化发展和个人价值的实现。合作性的反思性研究对教学、教师和学生的发展都有益处。

（6）开放性。在反思性教学中，教师需要保持开放的态度、高度的责任心和全身心地投入。他们应虚心听取他人意见，敢于质疑自己的信念，并从各种渠道获取信息。同时，教师应对每一个行动步骤进行道德和教育价值观的考量，坚持对学生、家长和社会负责的原则。全身心地投入是成为反思性教师的必要条件。

这些特点共同构成了反思性教学的基本要素，帮助教师不断反思和改进自己的教学实践，提高教学效果。反思性教学在教育领域中被广泛讨论和研究，它强调教师通过反思自身的教学实践，不断改进和提高教学效果。根据学者李向东的研究，反思性教学具有以下特点。

（1）实践性。反思性教学始终以教学实践为基础，通过实践中的观察和经验，找到反思的起点和基础，并在实际的教学实践中完成反思过程。这样可以使反思更加贴近实际情境，更具操作性和可行性。

（2）针对性。教师的反思主要针对自身当前的行为和依据，通过自我审查和分析，改进教学实践。教师需要对自己的教学方式、方法和策略进行深入思考，找出问题所在并提出解决方案。

（3）反省性。反思性教学要求教师对自己的实践方式和情境进行深入、多层次、多视角的思考。教师需要对自己的教学目标、教学内容、教学方法等进行反省，展现教师的自觉意识和能力。这种反省有助于教师更好地理解和把握教学过程中的各种因素。

（4）时效性。反思性教学强调对当前存在的非理性行为和观念的觉醒、纠偏和改善。它具有个人化、及时性和自动化的特点，有助于教师快速成长和提高教学质量。教师在教学过程中及时发现问题并进行反思，可以及时调整教学策略，提高教学效果。

（5）过程性。反思性教学是一个持续的过程，包括意识阶段、思考阶段和修正阶段。教师需要通过意识到问题的存在、深入思考问题的原因和解决方案，并在实践中进行修正和改进。这种持续的反思过程可以帮助教师在教学过程中不断完善自我，提高自身的教学能力和专业发展。

综上所述，反思性教学的特点体现了教师的主观能动性、探究性、自我批评性、情境关联性和内在反思性。这些特点对教师的专业发展有重要的意义和价值，可以帮助教师不断提高教学水平，适应教育变革的需求。

基于上述观点，这里将反思性教学的特点总结为以下几点：主体性、探究性、批评性、情境性、内隐性。

（1）主体性。教师是反思性教学模式的主体，通过自觉努力实现教学方式的更新和教育理念的获得。教师需要主动发现教学中的问题，并对问题进行分析和总结，最终解决问题。

（2）探究性。反思性教学模式强调对教学实践的深入探究，教师主动探究新问题，寻求新的解决方案，以提高教学效率。

（3）批判性。反思性教学模式要求教师具备批判性思维，以批评的态度辩证地看待问题，去伪存真，避免机械地接受专家的理论。

（4）情境性。教学情境是不断变化的，教师需要监控和调节教学活动，确保教学实践的合理性。教师通过不断反思，超越自我，采用新的教学方法，提高自身的教学水平。

（5）内隐性。反思性教学所获得的个人实践与知识往往是与个人经验和感受相关的默会知识，大多数情况下反思仅仅存在于反思者的头脑中。

（三）关于反思性教学内容的观点

关于反思性教学应反思的内容，不同的人有不同的观点。理查德与洛克哈特（Richard & Lockhart，1996）提出以下反思内容。

（1）学生对英语学习的认识和基本认知方法。

（2）教学决策的方式与过程。

（3）教师所扮演的角色。

（4）课堂教学的组织方式。

（5）课堂教学中的互动。

（6）学生所使用的语言。

（7）教师提问的技巧。

（8）对学生成就评价原则与技术。

伯莱克认为反思性教学应主要对以下内容进行反思。

（1）将理论性认识与实践经验相结合，分析自己的教学与学校情景，探讨改革目标。

（2）对情景进行多角度审视。

（3）将机动方案作为行动指南，并评估行动结果。

（4）理解教学的社会与道德基础。

麦伦提出反思应从以下三个方面展开。

（1）对课堂情景中技能与技术的有效性进行反思，包括对教学主题目的的适应性和教学策略使用的合理性进行反思。

（2）对课堂教学实践的基础假说、特定策略以及课程结果进行反思。

（3）对道德、伦理和其他关于课堂的规范性标准进行反思。

我国学者李长吉与张雅君认为教学反思活动的内容包括如下几点。

（1）对教学实践的反思。

（2）对个人经验的反思。

（3）对教学理论的反思。

（4）对教学关系的反思。

（四）反思性教学的内容

1. 对教学理念的反思

作为一位高校英语教师，对自己的教学理念进行反思是非常重要的。

高校英语教师需要持续学习和了解最新的教育理论和方法，这是非常重要的。了解不同的教学模式、教育心理学、多元智能理论等，可以帮助教师更好地理解学生的需求，并为教学提供更有效的方法。

传统的教学模式通常是以教师为中心，而现代教育更加注重学生的主动参与和个性化发展，将学生放在教学的核心位置，关注他们的兴趣、需求和学习风格，设计适合他们的教学活动和评估方式。

多元社会需要具备批判性思维和创新能力的人才。作为教师，可以通过启发性的问题、讨论和实践活动来培养学生的批判性思维和创新能力，帮助他们成为独立思考和解决问题的能力强的人。

全球化的趋势使得跨文化交流和理解变得尤为重要。作为英语教师，可以鼓励学生了解不同文化背景下的思维方式、价值观和沟通方式，培养他们的跨文化交际能力。

现代技术为教学提供了丰富的资源和工具。教师可以学习和掌握适合自己教学需求的技术工具，如在线学习平台、多媒体教学资源等，以提高教学效果和学生参与度。

定期反思自己的教学实践是教师成长的关键。通过自我评估和同行评价，发现自身的优势和不足，并积极改进教学方法和策略。

最重要的是，作为一名高校英语教师，要保持对教育的热情和求知欲望，不断学习和成长，以更好地服务学生和适应多元社会的需求。

总之，高校英语教师首先需要对自己的教学理念加以反思，用先进的理论武装自己，根据多元社会的要求转变教育理念，从而在思想上为自己的角色转换排除障碍。对教学理念的反思主要包括对自身教育观、教学观、学习观、语言观、课程观和职业观、教师价值观以及道德观方面的反思。

（1）教育观

教育观是教师对于教育的理念和信念的总称，它涉及教育的目的、价值观以及对学生发展和成长的影响等方面。教师需要思考教育的目的和意义是什么，对学生的发展和成长有何影响，对学生关爱、尊重和潜力的信任，这有助于他们明确自己的教育目标，并为教学活动提供指导。

教育的目的和意义是多方面的。

首先，教育的目的是培养学生的综合素质和能力，使他们在知识、技能、态度和价值观等方面得到全面发展。教育不仅仅是传授知识，更重要的是培养学生的创造力、批判性思维、合作能力和解决问题的能力，以应对未来的挑战。

其次，教育的意义在于促进学生的个人成长和全面发展。教师应该关注学生的身心健康、情感需求和社会适应能力，帮助他们建立自信，培养积极的人生态度，并发展他们的潜力。教育应该是一个有意义的过程，能够激发学生的兴趣和好奇心，培养他们自主学习和持续学习的能力。

教师的教育价值观应该包括对学生的关爱、尊重和潜力的信任。关爱意味着教师关心学生的身心健康和发展，愿意倾听他们的需求和问题，并提供支持和指导；尊重意味着教师尊重学生的个体差异和多样性，认可每名学生的独特性，并给予平等对待和公正评价；对学生潜力的信任意味着教师相信每名学生都有发展的潜力，通过积极的教育环境和个性化的教学方法，激发学生的潜能并帮助他们实现自己的目标。

明确自己的教育价值观对教师的教育实践至关重要。它可以指导教师的教学决策和行为，使其在教育过程中保持一致性和连贯性。同时，明确的教育价值观也有助于教师与学生、家长和同事建立良好的沟通和合作关系，共同为学生的发展和成长努力。

总之，教师需要思考教育的目的和意义，明确自己的教育价值观，并将其融入教学实践中。通过关爱、尊重和对学生潜力的信任，教师可以为学生的全面发展和成长提供积极的影响。

（2）教学观

教学观是指教师对于教学的理念和态度。一个好的教学观能够指导教师在教学中作出正确的决策和行动，以促进学生的学习和发展。教师需要思考如何有效地传授知识和技能，激发学生的学习兴趣和动力。教师应该关注学生的学习需求和个体差异，采用多样化的教学方法和策略，创造积极的学习环境。在教学观中，以下几个方面是特别重要的。

①有效传授知识和技能。教师应该思考如何以最有效的方式传授知识和技能给学生，包括选择合适的教学方法和教材，设计有针对性的教学活动，提供清晰的讲解和指导，以帮助学生理解和掌握所学内容。

②激发学生的学习兴趣和动力。教师应该关注学生的学习需求和兴趣，尽量使学习内容与学生的实际生活和兴趣相关联。教师可以通过引入趣味性的教学活动、实践性的任务和案例分析等方式，激发学生的学习兴趣和主动性，增强他们的学习动力。

③关注学生的个体差异。每名学生都是独特的，他们具有不同的学习风格、能力水平和兴趣爱好。教师应该关注学生的个体差异，尊重每名学生的特点和需求，并采用灵活的教学方法和策略，以满足不同学生的学习需求。

④多样化的教学方法和策略。教师应该具备多样化的教学方法和策略，以适应不同学生的学习需求和兴趣。教师可以采用讲授、示范、讨论、合作学习、实践等多种教学方式，创造丰富多样的学习环境，激发学生的学习兴趣和积极性。

⑤创造积极的学习环境。教师应该创造积极的学习环境，营造良好的师生关系和学生之间的合作氛围。教师可以通过鼓励、赞扬、支持和关心学生，让学生感受到自己的重要性和被尊重的价值，从而激发他们的学习动力和积极性。

总之，一位好的教师应该具备有效传授知识和技能的能力，激发学生的学习兴趣和动力，关注学生的个体差异，采用多样化的教学方法和策略，创造积极的学习环境，以促进学生的全面发展。

（3）学习观

学习观是指教师对学生学习过程和方式的理解和看法。在教学中，教师的学习观对于指导学生的学习起着重要的作用。教师需要思考学生的学习过程和方式，了解学生如何构建知识和发展技能。教师应该鼓励学生主动参与学习，培养他们的学习策略和自主学习能力。

（4）语言观

作为教师，理解语言的本质和作用是至关重要的。语言是人类沟通和表达思想的主要工具，它可以连接人与人之间的关系，促进知识的传递和交流。教师需要思考语言的本质和作用，了解语言的发展规律和学习过程。教师应该注重培养学生的语言能力和交际能力，帮助他们有效地运用语言进行沟通和表达。

了解英语的发展规律和学习过程可以帮助教师更好地设计和实施英语教学。英语的发展是一个渐进的过程，从基础的语音、词汇和语法开始，逐渐发展到更高级的英语技能，如阅读、写作、听力和口语表达。教师可以根据学生的语言发展阶段和个体差异，有针对性地提供教学支持和指导。

在教学过程中，注重培养学生的英语能力和交际能力是非常重要的。语言能力包括理解和运用英语的能力，包括词汇量、语法知识、句子构建和语篇组织等。交际能力则强调学生能够在真实的交际情境中有效地运用英语进行沟通和表达。教师可以通过各种教学活动和任务，培养学生的听、说、读、写、译等多方面的英语技能，提高他们的英语综合能力。

此外，教师还可以通过鼓励学生积极参与课堂讨论、提供实际的英语实践机会和提供有效的反馈，帮助学生有效地运用语言。通过创设真实的英语环境和情境，学生可以更好地理解和运用英语，提高他们的英语交际能力。

总之，教师应该深入思考英语的本质和作用，并了解英语的发展规律和学习过程。通过注重培养学生的英语能力和交际能力，帮助他们有效地运用英语进行沟通和表达，教师可以更好地促进学生的英语发展和整体学习。

（5）课程观

作为高校英语教师，对课程观的反思是非常有必要的，因为它直接关系到教学质量和学生学习效果的提高。教师需要思考课程的设计和组织，确保教学内容与学生的学习需求和兴趣相匹配。

①课程应该以学生为中心。每名学生都有不同的学习风格、兴趣和能力水平，因此需要根据学生的需求和背景，设计灵活多样的教学活动和评估方式，以促进他们的参与和学习成果。

②课程应该注重培养学生实际运用英语的能力。除了传授英语知识和技能，英语教师还应该帮助学生将所学应用到实际生活和工作中。通过真实场

景的练习和任务，学生可以更好地理解和应用所学的英语知识。

③英语课程可以与其他学科进行融合，创造更多的学习机会和应用场景。例如，结合文学作品、历史事件或科学发现，可以帮助学生更好地理解和运用英语，并培养他们的综合素养。

④及时的反馈和有效的评估是课程中不可或缺的组成部分。应该提供具体的反馈，指导学生改进他们的学习，同时采用多样化的评估方式，以全面了解学生的学习情况和成果。

（6）职业观

教师的职业观是非常重要的，它直接影响到教育事业的质量和学生的发展。教师应该思考自己对教育事业的态度和目标。他们需要思考自己是否将教育视为一项崇高的事业，是否愿意为学生的成长和发展负责任。教师还应该反思自己的教育信念和教学方法，是否符合学生的需求和现代教育的要求。对于教师来说，反思自己的职业观是一种必要的行为，可以帮助他们更好地理解自己的角色和责任，并不断提升自己的教育水平。

第一，教师需要思考自己是否将教育视为一项崇高的事业。教育是一项具有深远影响的工作，它能够塑造学生的思维方式、价值观和未来的发展。教师应该意识到自己的工作对社会和个体的重要性，并以此为动力，投身于教育事业中。

第二，教师需要思考自己是否愿意为学生的成长和发展负责。教师不仅是知识的传授者，更是学生的引路人和榜样。他们应该关注每名学生的个体差异，尊重学生的发展需求，为学生提供适应性的教育和支持。教师也应该积极关注学生的进步和成就，以此来衡量自己的教育成果。

第三，教师还应该反思自己的教育信念和教学方法。教育信念是指教师对于教育的核心价值观和原则的理解和认同。教师应该思考自己的教育信念是否符合学生的需求和现代教育的要求。教学方法是指教师在实际教学中采用的策略和方式。教师应该不断反思自己的教学方法，探索更有效的教学方式，提高学生的学习效果和兴趣。

总之，教师的职业观对于教育事业的发展和学生的成长至关重要。教师应该通过反思自己的教育态度、目标、教育信念和教学方法，不断提升自己的教育素养和专业水平，为学生的未来发展负责任。

（7）价值观

作为高校英语教师，对自身的价值观进行反思是非常重要的，他们需要反思自己对学生能力和潜力的认知，是否给予学生足够的信任和支持。教师还应该反思自己对学生的关注程度，是否关注学生的全面发展，而不仅仅是学术成绩。他们的价值观会直接影响到自身的教学方式、教育理念以及与学生的互动方式。

①教育目标。高校英语教师应该思考自己的教育目标是什么。是培养学生的英语能力，还是培养他们的思维能力和创造力？是传授知识，还是培养学生的人文素养和价值观？反思自己的教育目标可以帮助教师更好地定位自己的教学方式和教育理念。

②师生关系。高校英语教师应该思考自己与学生的关系是什么样的。是一种权威式的、单向的关系，还是一种平等的、相互尊重的关系？教师是否尊重学生的个体差异，鼓励他们的独立思考和自主学习？反思自己与学生的关系可以帮助教师更好地建立积极的学习环境。

③评价方式。高校英语教师应该反思自己的评价方式是否公正、客观，并能够真实地反映学生的能力和潜力。教师是否只注重分数和考试成绩，而忽视了学生的兴趣、动机和进步？反思自己的评价方式可以帮助教师更好地激发学生的学习动力和发展潜能。

总之，作为高校英语教师，对自身的价值观进行反思是一个不断发展和完善的过程。这种反思可以帮助教师更好地成长为优秀的教育者，并对学生的成长产生积极的影响。

（8）道德观

教师应该思考自己在教学过程中的道德行为和职业操守。他们需要反思自己是否以诚信、公正和尊重为原则，是否遵守教育伦理和教师职业道德准则。教师还应该反思自己是否能够正确引导学生，帮助他们形成正确的价值观和道德观。

教师应该以诚信为原则。诚信是教师职业道德的基石，教师应该诚实守信地对待学生和教育工作。他们应该遵守考试纪律，不参与作弊行为，不泄露试题答案，确保学生在公平的环境中接受评估和考试。

教师应该以公正为原则。在评价学生的学习成绩和表现时，教师应该客观公正，不偏袒任何一名学生。他们应该根据学生的实际表现和努力程度给予公正的评价，不因个人喜好或偏见而对学生做出不公平的判断。

教师应该以尊重为原则。尊重学生是教师职业道德的核心之一。教师应该尊重学生的个性、差异和权利，不歧视或侮辱学生。他们应该鼓励学生发表自己的观点，尊重学生的独立思考和表达能力，帮助他们建立自信和自尊。

教师还应该反思自己是否能够正确引导学生，帮助他们形成正确的价值观和道德观。教师应该教育学生关于诚信、公正、尊重等道德价值的重要性，并通过言传身教的方式引导学生形成正确的道德观。他们应该引导学生思考伦理道德问题，培养学生的道德判断力和道德行为能力，使他们成为有社会责任感和良好道德素养的公民。

总之，作为高校英语教师，反思自身道德观是必要的。教师应该以诚信、公正和尊重为原则，遵守教育伦理和教师职业道德准则。同时，他们应该引导学生形成正确的价值观和道德观，帮助他们成为有道德素养和社会责任感的人。通过不断反思和提升自身道德水平，教师能够更好地履行自己的教育使命，为学生的成长和发展做出积极的贡献。这些反思有助于教师不断提高自己的教学理念，促进教育教学的发展，更好地服务于学生和社会。通过对教学理念的反思，教师可以更好地理解自己的教学实践，并对其进行评估和改进。这有助于教师提高专业素养，提升教学质量，为学生的学习和发展提供更好的支持和指导。

2. 对教学技能的反思[①]

对教学技能的反思是反思性教学中的重要环节，具体需要对以下内容加以考虑。

（1）提问技巧：反思课堂教学中，开放性问题和高层次问题的数量，以及学生参与回答的人数和次数。

（2）学生问题处理：如何有效应对学生提出的问题或困惑。

（3）课堂突发事件处理：如何妥善处理课堂上的突发情况。

（4）教学方法与技巧：对于语言知识的教学，应反思所采用的方法和技

---

① 李正栓，郝惠珍.中国语境下英语教师教育与发展研究[M].保定：河北大学出版社，2009：140.

巧的有效性。

（5）教学活动设计：审视教学活动的设计是否合理，是否能够达到预期的教学效果。

（6）教学手段运用：反思如何更有效地运用各种教学手段。

（7）课堂组织与管理：反思课堂的秩序维护和教学流程的组织。

3.对教学过程的反思

对教学过程的反思也是反思性教学的重要部分，以下是对教学过程反思的关键点。

（1）教学角色定位：思考教学材料、教学目标和学生需求是否与教学角色相匹配。

（2）教学活动实施：审视教学活动的设计和实施是否与预期目标一致。

（3）教学技术应用：思考教学技术的使用是否有助于学生的语言学习和能力发展。

（4）理念与实践结合：思考教学目的、工具、方法、措施和过程是否将理论与实践有机地结合在一起。

（5）时间安排合理性：评估时间安排是否合理，是否有助于学生的学习效果。

（6）学生参与度与效果：观察学生参与课堂学习活动的积极性，以及他们的学习效果如何。

通过深入反思这些内容，教师可以更理性地审视自己的课堂教学行为，发现并改进不足之处，从而不断提升教学质量。

4.对教学效果的反思

在反思教学效果时，教师可以从学生角度的满足程度和教师角色的价值感受两个层面进行评估。

（1）学生角度的满足程度

教师可以通过以下方面评估学生对教学的满意程度。

①教学目标是否达到：教师可以回顾教学目标，评估学生是否在语言知识、语言技能、学习策略、情感态度、文化意识等方面取得了预期的进展。

②学生参与程度：教师可以考查学生在教学活动中的积极参与程度，包括课堂讨论、合作学习、提问回答等方面。

③学生反馈和评价：教师可以收集学生的反馈和评价，了解他们对教学内容、教学方法、教材使用等方面的看法和意见。

（2）教师角色的价值感受

教师可以从自身的角度评估自己在教学中的价值感受，包括以下方面。

①教学影响情况：教师可以思考自己的教学活动对学生学习和发展的影响程度，是否能够激发学生的学习兴趣和动力，提高学生的学习成绩和能力。

②个人经验的提升：教师可以反思自己在教学过程中的收获和成长，是否通过教学实践获得了新的教学经验和教学技能。

③对教学理论和理念的促进：教师可以思考自己的教学活动是否与教学理论和教学理念相契合，是否能够推动教学理论和理念的发展和创新。

通过对学生的满足程度和教师的价值感受进行反思，教师可以评估自己的教学效果，并在今后的教学实践中进行改进和提升。同时，教师还可以结合学生的反馈和评价，进行教学反思和教学设计的调整，以提高教学效果和学生的学习体验。

（五）反思性教学的步骤

反思性教学模式一般可以按照以下步骤开展。

1. 教学前反思

在教学前，教师需要对教学内容进行充分的准备和规划，包括对学生的需求和背景进行调查和分析，确定教学目标和教学策略，设计教学活动和资源等。在这个阶段，教师可以反思自己的教学理念和方法，思考如何更好地满足学生的学习需求，提高教学效果。

教学前反思对于高校英语教师来说非常重要，它是反思性教学的基础。在进行高校英语教学之前，教师应该具备以下几个方面的知识和能力。

（1）选择教学模式和教学方法

高校英语教师应该了解不同的教学模式和教学方法，并能够根据具体的教学目标和学生的需求选择合适的教学模式和方法。例如，可以采用任务型教学、合作学习、情景教学等方法，以提高学生的学习兴趣和参与度。

（2）改变教学理念

传统的教学理念强调教师的教导作用，而反思性教学则强调学生的主体地位和自主学习。高校英语教师应该改变传统的教学理念，转变为促进学生自主学习和思考的引导者和指导者，这样可以激发学生的学习动力和创造力，提高教学效果。

（3）制定合理的教学计划

在教学前，高校英语教师需要制定一个合理的教学计划。教学计划应该包括教学目标、教学内容、教学方法、评估方式等方面的内容。教师应该考虑到学生的学习特点和需求，合理安排教学进度和活动，确保教学过程的连贯性和有效性。

（4）考虑一切可能的项目

在进行教学前反思时，高校英语教师应该考虑一切可能的项目，包括教学资源的准备、教学环境的营造、学生的个别差异等方面。教师应该根据具体情况，提前做好准备工作，以确保教学的顺利进行。

总之，教学前反思是高校英语教师提高教学效果的重要环节。通过反思自己的教学模式、教学方法和教学理念，制定合理的教学计划，并考虑一切可能的项目，教师可以更好地引导学生的学习，提高教学效果。

2.教学中反思

教学中的反思是高校英语教师对自己的教学实践进行深入思考和评估的过程。通过反思，教师可以发现教学中存在的问题和不足，并采取相应的改进措施，提高教学效果。

无论采用何种反思方式，教师都应该保持开放的心态，接受批评和建议，并积极寻找改进的方法。反思不仅是对教学的评估，也是教师自身专业成长的重要环节。

在教学过程中，教师需要时刻关注学生的学习情况和反馈，及时进行反思和调整。教师可以观察学生的学习表现，倾听他们的问题和困惑，收集他们的反馈意见，以便及时调整教学策略和方法。教师还可以反思自己的教学效果，思考自己的教学行为是否符合学生的学习需求，是否能够激发学生的学习兴趣和主动性。

3. 教学后反思

教学后反思是教师提高教学效果的重要环节。在这个阶段，教师需要对自己的教学行为进行全面的审视和评估，以便在下一次教学中进行适当的调整和改进。以下是一些教师在教学后反思时可以考虑的关键问题。

（1）教学目标是否明确

教师需要回顾自己在课堂上设定的教学目标，确保目标明确、具体，并与学生的学习需求相匹配。如果目标不清晰，教师可以思考如何重新设定目标，以便更好地指导学生的学习。

（2）教学方法是否有效

教师需要评估自己在教学中采用的教学方法和策略是否有效。教师可以思考学生对不同教学方法的反应和参与程度，以及学生在教学过程中的学习成果。如果某些方法没有达到预期效果，教师可以尝试使用其他方法或结合多种方法，以提高学生的学习效果。

（3）学生的理解和参与程度

教师需要观察学生在教学过程中的理解和参与程度。教师可以思考学生是否理解教学内容，是否能够积极参与讨论和互动，以及是否能够独立完成学习任务。如果发现学生的理解和参与程度不够，教师可以思考如何调整自己的教学策略，以促进学生的积极参与和深入理解。

（4）教学资源和环境是否充分利用

教师需要评估自己在教学中是否充分利用了可用的教学资源和环境。教师可以思考是否使用了适当的教学材料和技术工具，以及是否创造了积极的学习氛围。如果发现资源和环境利用不充分，教师可以寻找更多的教学资源，并尝试创造更有利于学生学习的环境。

（5）教学效果和学生反馈

教师可以通过各种评估方式来评估教学效果，如考试成绩、作业质量、课堂表现等。此外，教师还可以向学生征求反馈意见，了解他们对教学的感受和建议。通过评估教学效果和倾听学生的反馈，教师可以了解自己的教学优势和不足，并做出相应的调整和改进。

教学结束后，教师可以对整个教学过程进行总结和评估。教师可以回顾教学目标的实现情况，分析学生的学习成果和问题，反思自己的教学行为和方法。在这个阶段，教师可以思考如何改进自己的教学策略和方法，以便在下一次教学中取得更好的效果。同时，教师还可以通过教学反思的成果，制定个人教学发展计划，不断提升自己的教学能力和水平。

教学后反思需要教师保持客观和批判的态度，同时要有意识地寻求反馈和改进的机会。通过不断反思和改进，教师可以提高自己的教学技能，为学生提供更好的学习体验和学习成果。

4.建构教学行为反思的连续体

反思性教学是一种持续的教学方法，需要教师在教学过程中的各个阶段进行反思，涵盖了教学前的准备、教学过程中的反思和调整，以及教学后的补偿与提高。通过不断地反思和调整，高校英语教师可以不断改进自己的教学行为，提高教学效果，促进学生的学习和发展。

二、高校英语教师教学反思能力

(一) 高校英语教师的反思精神与能力

高校英语教师的反思精神和能力在其专业发展和自我成长中扮演着核心角色，被广泛认为是教师职业发展的决定性因素。美国心理学家波斯纳提出的教师成长公式"成长=经验+反思"表明，没有反思的经验是有限的，教师如果仅满足于获得经验而不进行深入思考，就无法实现真正的改进。

高校英语教师的反思是指教师在教育教学中，批判地思考自己的行为表现及其依据，通过回顾、诊断和自我监控等方式，肯定或修正自己的行为，以提高教学效能。教育是一个需要信念、理论和持续探究的事业，而教师的成长正是在不断追问教育实践、思考教育问题、追寻教育意义的过程中实现的。

传统教育理论可能导致教育理论与教育实践的隔离，因此高校英语教师的专业发展需要将学术研究与实践相结合。反思的实质就是沟通理解与实践，体现了教师的创造性。注重教师自身的反思性发展，一方面可以通过自我考察和自我调适，优化和改善教学行为和方法，提高教学能力和水平，加深对教学活动规律的认识和理解；另一方面可以重新定义教师的角色，使教师成为研究者，提高教师的学术地位和社会形象，使教师群体从传统的"知识传授者"转变为具有专业性质的学术层次。

（二）高校英语教师教学反思的意义

首先，教学反思可以帮助教师评估学生的学习情况。教师可以通过观察学生的学习表现、听取学生的反馈意见以及分析学生的作业和考试成绩等方式，了解学生在学习上的困难和问题。通过对学生学习情况的评估，教师可以有针对性地调整教学内容和方法，以满足学生的学习需求。

其次，教学反思可以帮助教师分析教学方法的有效性。教师可以反思自己在教学过程中使用的教学方法和策略，评估它们的效果和适用性。教师可以思考自己的教学方法是否能够激发学生的学习兴趣，是否能够帮助学生理解和掌握知识，是否能够促进学生的思维和创造力发展。通过对教学方法的反思和分析，教师可以及时调整和改进自己的教学方式，提高教学效果。

此外，教学反思还可以帮助教师发现教学过程中的问题和挑战。教学是一个复杂的过程，教师常常面临各种各样的问题和挑战，如学生的学习兴趣不高、学习能力差异大、教材内容难度过高等。通过反思教学过程中遇到的问题，教师可以深入分析问题的原因，并提出相应的解决方案。教师可以寻找相关的教学资源和方法，与同事交流经验，不断改进自己的教学策略，应对各种教学挑战。

最后，教学反思是一个循环的过程。教师应该将教学反思作为一种持续的实践，不断反思和调整自己的教学方法和策略。教师可以定期进行教学反思，如每节课后、每学期末或每年末等。通过持续地反思和调整，教师可以不断提高自己的教学质量和效果，为学生提供更好的教育服务。

总之，高校英语教师教学反思能力对于提高教学质量和效果至关重要。教学反思可以帮助教师评估学生的学习情况，分析教学方法的有效性，发现教学过程中的问题和挑战，并提出改进方案。教师应该将教学反思作为一种持续的实践，不断提高自己的教学能力，为学生提供更好的教育。

第二节 高校英语教师教学反思能力现状及影响因素

作为高校英语教师，教学反思是不可或缺的重要能力。通过反思，教师可以深入了解自己的教学方案和实践效果，及时发现问题并加以改进，为学生提供更优质的教育。然而，目前高校英语教师教学反思能力存在一些不足之处，亟待改进。

一、高校英语教师教学反思能力现状

（一）缺乏时间和机会

由于教学任务繁重，高校英语教师往往忙于备课、批改作业和参与评估等工作，很难抽出时间进行深入反思。首先，备课是教师必须完成的任务之一。为了提供高质量的教学，教师需要花费大量时间准备课程内容、教学材料和教学活动。这使得他们很难有足够的时间来回顾自己的教学实践并进行反思。其次，批改作业也是教师不可或缺的工作之一。学生提交的作业需要及时批改和评估，以便给予他们及时的反馈。这项工作通常需要耗费大量的时间和精力，导致教师难以抽出时间进行反思和自我提升。此外，高校英语教师还需要参与评估工作，包括考试和考核。他们需要拟定考试内容、出卷和批改试卷，以及评估学生的学习成果。这些任务同样需要耗费大量的时间和精力，使得教师难以有机会进行系统性的教学反思。

（二）意识淡薄

除了缺乏时间和机会之外，高校英语教师的教学反思能力现状还存在意识淡薄的问题。部分教师对于教学反思的重要性认识不足，缺乏主动进行反思的意愿和积极性。

一些教师可能没有意识到教学反思对于个人专业成长和教学质量的重要性，他们将教学视为一种例行公事，只关注于完成任务和传授知识，而忽视了对自己教学实践的反思。这种认识的欠缺导致他们没有意识到教学反思可以帮助他们发现教学中存在的问题并提出改进的方法，缺乏主动进行反思的意愿和积极性。教学反思需要教师主动地回顾自己的教学过程，思考教学中的成功和失败之处，并从中总结经验教训。然而，一些教师对于这种主动的思考和自我评估缺乏兴趣，他们可能更倾向于将时间和精力放在其他工作上，而不是教学反思上。

（三）缺乏指导和培训

教师在教学反思方面缺乏相关培训和指导，缺乏有效的反思方法和工具。

首先，高校英语教师缺乏相关的培训和指导。在教师专业发展的过程中，教学反思被认为是提高教学质量的重要手段之一，然而，很少有专门的培训课程或指导机构来帮助教师开展有效的教学反思。这导致了许多教师对于如何进行反思以及如何运用反思结果来改进教学存在困惑。

其次，高校英语教师缺乏有效的反思方法和工具。教学反思需要教师对自己的教学过程进行深入的思考和分析，从中总结经验教训并进行改进。然而，很多教师并不清楚如何进行系统性的反思，也没有合适的工具来辅助他们进行反思。缺乏这些方法和工具，使得教师的反思过程常常停留在表面，难以达到深层次的思考和有效的改进。

（四）反思内容单一

目前，大部分教师在进行教学反思时，往往只关注自身的教学行为和效果，而忽略了学生的学习反馈和学习成果。这种单一的反思内容限制了教师对教学过程的全面认知，也影响了他们对教学改进的有效性。

第一，许多教师在反思时过于关注自身的教学行为和效果。他们可能会思考自己在课堂上的表现、教学方法的选择以及教学资源的利用等方面。这种反思是重要的，可以帮助教师发现自身的不足并改进教学方法。然而，仅仅关注自身而忽略了学生的学习反馈和成果，可能导致教师忽视了学生的实际需求和学习效果。教师应该更加关注学生的学习反馈，包括他们的参与程度、理解程度和学习动机等，以便更好地调整教学策略和满足学生的学习需求。

第二，忽略了学生的学习反馈和成果会影响教师对教学改进的有效性。教师的教学反思应该是一个循环的过程，通过不断地观察学生的学习反应和评估学习成果，教师可以及时调整教学策略，提高教学效果，以便更好地指导自己的教学实践。

（五）反思深度不够

有些教师在进行反思时只停留在表面，仅仅对教学过程和原因进行浅显的分析，缺乏深入的思考和剖析。这种现象可能是由于教师对于反思的重要性认识不足，或者缺乏有效的反思方法和工具。

对于教学反思而言，仅仅停留在表面的分析是不够的。教师应该努力深入挖掘教学过程中的问题和挑战，并寻找根本原因。例如，一位教师在教学中发现学生对某个知识点理解困难，仅仅停留在这个事实上并进行简单的解释是不够的。教师应该进一步分析学生为什么会出现理解困难，是因为教学方法不当？还是因为学生的学习背景和能力有限？通过深入分析，教师可以更好地理解问题的本质，并采取相应的改进措施。

（六）反思结果未获得相匹配的改进措施

高校英语教师教学反思现状之一是反思结果未获得相匹配的改进措施，原因是部分教师在反思过程中能够发现问题，但难以制定出切实可行的改进措施并付诸实践。这可能是由于以下几个方面的因素所导致的。

（1）缺乏有效的反思方法和指导。有些教师并不清楚如何进行系统性的反思，或者缺乏相关的培训和指导。他们只停留在问题的发现阶段，而缺乏对问题进行深入分析和解决的能力。

（2）教师可能面临时间和资源的限制。教师在教学之外还有其他的工作和任务，时间和精力有限。因此，他们无法充分投身于反思和改进的过程中，或者缺乏必要的资源来支持他们去落实改进措施。

（3）教师个人的心态和态度也可能对反思结果的实施产生影响。有些教师对自己的教学能力存在自我怀疑或不自信的情绪，这可能导致他们对改进措施的有效性产生怀疑，或者缺乏动力去付诸实践。

二、高校英语教师教学反思能力的影响因素

作为高校英语教育的重要主体，英语教师的教学水平和反思能力对于提高学生学习效果至关重要，通过反思，教师能够不断改进自己的教学方法，提高教学效果。然而，在实际教学过程中，部分教师在进行教学反思时存在一些问题。接下来将从教师自身因素、教育环境等角度，探讨影响高校英语教师教学反思能力的因素。

（一）教育背景

高校英语教师的教育背景是影响其教学反思能力的重要因素之一。教育背景包括教育水平和教育经历，教育背景的丰富程度决定了教师对教学过程和效果的理解和评估能力。因此，高校英语教师应该注重自身的继续教育和专业发展，不断提升自己的教育水平，以提高教学反思能力。

（二）教师自身的专业素养和学术研究水平

教师自身的专业素养和学术研究水平是影响其教学反思能力的重要因素。专业素养包括教师对英语语言知识的掌握程度、语法与写作能力、教学经验和教学技巧等。只有具备扎实的专业素养，教师才能深入思考教学中的

问题，并进行有效的反思。同时，教师需要不断提升学术研究水平，通过参与学术会议、撰写论文等方式，拓宽自己的学术视野，以便更好地为学生提供有效的教学。

（三）个人态度

个人态度是影响高校英语教师教学反思能力的重要因素之一。教师应该具备积极主动的学习态度和持续改进自身不足的意识，愿意接受他人的建议和批评，并将其转化为改进教学的动力。此外，教师还应该具备批判性思维和自我反省的能力，能够客观地评估自己的教学效果，并从中总结经验教训。高校英语教师应该培养积极的教学态度和良好的个人素质，以提高教学反思能力。

（四）教学经验和实践

教学经验和实践是培养高校英语教师教学反思能力的重要因素之一。通过多年的教学实践，教师能够积累丰富的教学经验，并通过实践不断反思和改进自己的教学方法。教学经验和实践可以帮助教师更好地理解学生的需求和问题，并有针对性地进行教学调整。因此，高校英语教师应该注重实践教学，积极参与教学活动，不断积累教学经验，提高教学反思能力。

（五）教育环境和支持

教育环境对高校英语教师的教学反思能力产生着巨大影响。教育环境包括教学资源、教学设施和学校对教师的支持等。教学资源的充足与否直接影响着教师教学的效果。学校应该提供丰富的教材和多媒体设备，使教师能够更加灵活地进行教学，并有条件进行反思和改进。此外，学校也需要给予教师一定的支持和帮助，鼓励他们进行教学反思并提供相关的培训和指导，以提高教学质量。

高校英语教师的教学反思能力是提高教学质量和学生学习效果的关键。

高校英语教师应该注重自身的专业发展，积极参与教学实践，争取良好的教学环境和支持，培养积极的教学态度和良好的个人素质，以不断提高自己的教学反思能力，为学生提供更好的教学服务。

第三节　高校英语教师教学反思能力构建的路径

作为高校英语教师，教学反思是提高其教学质量和教学效果的重要手段之一。通过反思教学实践，教师可以发现问题、总结经验、调整方法，不断优化自己的教学方式，更好地满足学生的学习需求。接下来著者将探讨高校英语教师构建教学反思能力的路径，旨在帮助教师们提升自身的教学水平。

孔子曾说："吾日三省吾身。"教师也应该经常反思。培养教师的反思能力，首先需要让他们认识到反思的意义，尤其是对教师专业成长的意义；其次，要让他们掌握反思的策略和方法。反思性教学的方法多种多样，如教学日志、教学报告、课堂教学观察、录音与录像、调查与问卷、行动研究等。这些方法有助于教师深入反思自己的教学实践，提升教学效果。

一、教学日志

在教学结束后，教师可以通过记录教学日志来反思自己的教学内容、方法和感受。这一过程不仅有助于教师深入思考自己的教学实践，还能为未来的教学反思提供宝贵的材料。具体来说，教师在记录教学日志时，应关注以下几个方面。

（1）对教学过程的问题进行质询和观察，反思自己在教学中的表现和效果。

（2）记录课堂中对所发生的事情的感受，包括学生的反应、教学环节的进展等，以便更好地理解学生的学习状态和自身的教学风格。

（3）描述教学活动的有意义方面，如有效的教学策略、学生的进步等，以保持对教学成果的积极态度。

（4）思考并提出需要解决的问题以及相应的解决办法，为改进教学提供方向和思路。

教师可以根据自己的习惯和需要，选择合适的间隔时间来记录教学日志，重要的是要坚持，以便通过日志发现自己的教学规律和组织教学的习惯与方法，不断提升教学效果。

二、教学报告

教学报告用于监控课程的实施过程、教学时间的分配以及教学效果。在课前，教师可以预先设计报告的格式和内容，然后在课后直接填写表格。通过这种方式，教师可以更系统地反思自己的教学实践，从而提升教学质量。表4-1是一个教学报告示例。

表4-1 教学报告示例①

Lesson report form for a grammar lesson
1.The main focus in today:
a.mechanics(e.g., punctuation and capitalization)
b.rules of grammar(e.g., subject-verb agreement; pronoun use)
c.communicative use of grammar(e.g., correct use of past tense forms in a narrative)
d.others

---

① Richards, Jack C. & Lockhart, Charles. *Reflective Teaching in Second Language Classroo*m[M]. New York: CUP, 1994: 19.

2.The amount of class time spent on grammar work was:

a.the whole class period

b.amolst all of the class period

c.less than that （＿＿minutes）

3.I decided what grammar items to teach:

a.according to what was in the textbook

b.according to what was in the course syllabus

c.based on students' performance on a test

d.based on students' errors in oral and written work

e.others

4.I taught grammer by:

a.explaining grammar rules

b.using visual aids

c.presenting student errors

d.giving students practice exercise from a textbook

e.giving students practice exercise that I designed

5.When assessing student work on grammar, I had students:

a.study rules of grammar

b.practice exercises orally in class

c.practice exercises orally in the language lab

d.do exercises for homework

e.do exercises based on errors noted in their writing

f.go over each other's homework or Glasswork

g.keep a personal record of the errors they make

h.do sentence–combining exercises

i.create sentences or paragraphs using specific grammar rules or sentence patterns

j.indentify and correct grammar errors

k.indentify and correct grammar errors in their own writing

l.indentify and correct grammar errors in other student's writing

m.others

（资料来源：Richards & Lockhart，1994）

除了上述提到的方法，教师还可以选择一种简单的教学报告方法。在一节课结束后，教师可以针对以下问题给出答案，以帮助进行自我反思。

（1）这节课的教学目标是什么？

（2）学生在课堂上真正学到了什么？

（3）我的教学过程是什么样的？

（4）如何处理教学过程中遇到的问题？

（5）这节课最成功的地方是什么？

（6）如果重新教授这节课，我会采取什么不同的做法？

教师将这些问题答案记录下来，可以作为日后分析教学和进行反思的参考。通过回答这些问题，教师可以对自己的教学过程进行深入思考和反思，这种自我反思的过程有助于提升教学效果和教师的专业成长。

三、课堂教学观察

课堂教学观察是一种通过有目的、有针对性地观察另一位教师的课堂教学，来提升自己的教学效果和专业水平的方法。

在课堂教学观察中，教师需要仔细观察和评价多个方面，包括教师本身、学习者、师生关系、教学行为、教学互动、学习行为、学习活动以及教学步骤的衔接性和系统性等。观察的内容应根据观察目的进行选择，并进行记录。

观察的方法有多种多样，可以进行现场观察，也可以通过录像观察等方式进行。这些方法都能帮助教师深入了解课堂教学的实际情况，发现问题和不足之处，并进行反思和讨论。

通过课堂教学观察，教师能够不断提升自己的教学效果和专业水平。观察过程中的反思和讨论可以帮助他们发现自己的教学盲点，改进教学策略，提高学生的学习成效。同时，观察他人的优秀教学实践也能为教师提供借鉴和启发，促进他们的专业成长。

四、录音与录像

随着现代科技在各个领域的广泛应用，教育领域也充分利用了其优势，教师可以在技术人员的支持下，通过录音和录像手段完整地记录自己的教学过程。在录制过程中，教师可以指定重点记录的方面，如学生的回答、教学活动的组织或小组活动的表现等。

录音和录像在教育领域的应用可以带来许多好处。

（1）自我反思和专业发展。课后，教师可以反复播放录音和录像，通过观看自己的录像或听取录音，教师可以深入反思自己的教学方法和技巧。他们可以发现自己的优点和不足，并寻找改进的方法。这种自我反思和专业发展可以帮助教师提高自己的教学质量，并不断成长。

此外，教师还可以截取部分片段进行详细分析，如教师的语言特点、肢体语言的使用和师生互动的语言等，从而放大教学中的细节，进行更细致的研究。这种方法有助于教师更全面地了解自己的教学效果，提升教学质量。

（2）学生表现的观察和评估。录音和录像可以记录学生在课堂上的回答、互动和表现。教师可以观察学生的学习过程，了解他们的理解和参与程度。这有助于教师更好地了解学生的需求和困难，并根据需要进行个别指导和支持。

（3）教学资源和分享。录音和录像可以作为教学资源保存下来，供教师在将来的教学中使用。教师可以回顾自己以前的教学经验，借鉴成功的方法和策略。此外，教师还可以与同事分享录音和录像，促进教学经验的交流和共享。

（4）激励学生。学生知道自己的表现被录音或录像记录下来，可能会更加努力地参与课堂活动。他们可以通过观看自己的表现，发现自己的优点和不足，从而激发学习动力。

（5）有利于与家长交流和沟通。录音和录像可以与学生的家长分享，让他们更好地了解孩子在学校的表现和进步。这有助于加强家校合作，促进家长与教师之间的交流和沟通。

需要注意的是，录音和录像在教育领域的使用应遵循相关的法律法规和伦理准则，确保隐私和保护学生的权益。此外，教师应该与学生和家长进行适当的沟通，获得他们的同意和支持。

五、调查与问卷

高校英语教师可以采取调查与问卷的形式来反思教学。

调查与问卷是一种常用的研究方法，可以帮助高校英语教师反思自己的教学，获得对教学的认识和看法，以及了解学生的学习兴趣、学习态度和学习方法等情况。以下是一些常见的调查问题和问卷设计原则，供教师参考。

（1）教师本人对教学的反思

①你对自己的教学满意吗？请列举几个你认为自己做得好的方面和需要改进的方面。

②你认为自己的教学目标是否明确？是否能够帮助学生达到预期的学习目标？

③你在教学中使用了哪些教学方法和策略？它们是否有效？

④你如何评价自己的课堂管理能力？是否能够有效地管理学生的学习秩序和行为？

⑤你是否经常进行教学评估和反馈？你如何利用评估结果改进教学？

（2）同事对教学的认识与看法

①你认为你的同事对你的教学有何评价？他们认为你的教学有哪些优点和不足？

②你的同事认为你在教学中使用了哪些有效的方法和策略？

③你的同事认为你在课堂管理方面表现如何？他们有什么建议或意见？

（3）学习者的学习兴趣、学习态度和学习方法

①你观察到学生对英语学习的兴趣如何？他们对不同的学习内容是否有偏好？

②你认为学生对英语学习的态度如何？他们是否积极主动地参与课堂活动和作业？

③你观察到学生使用了哪些学习方法？他们对不同的学习任务采取了什么策略？

在设计调查问题和问卷时，教师可以参考以下原则。

（1）明确目的。确定调查的目的和研究问题，确保问题和问卷设计与研究目标一致。

（2）简明扼要。问题和问卷应简洁明了，避免使用复杂的语言和难以理解的术语。

（3）多样性。涵盖不同方面的问题，以获取全面的信息。可以包括选择题、开放性问题、评分题等多种形式。

（4）适应对象。根据受众的特点和背景，设计问题和问卷，确保问题的表达方式符合受众的理解能力。

（5）保密性。保证受访者的回答是匿名的，以鼓励他们提供真实的意见和反馈。

（6）预测试。在正式使用之前，进行预测试以评估问题和问卷的有效性和可行性。

最后，教师在收集到调查和问卷的数据后，应仔细分析和解读结果，并将其作为改进教学的参考依据，不断提升自己的教学质量。

六、行动研究

行动研究是一种反思性的方法，可以帮助英语教师专业化发展。在英语教学中，专业化的发展要求教师教育者成为行动的研究者，这意味着教师需要针对实际问题改变教学方法，并在解决问题的过程中进行自我监督与自我评价。通过评价，教师可以修正和改进对问题的理解。

行动研究是一种基于实践的研究方法，旨在改善教学实践并提升教师的专业能力。教师可以选择一个具体的教学问题，然后制定行动计划并实施。在实施过程中，教师需要密切观察和记录教学活动，并与学生和同事进行反馈和讨论。通过这个过程，教师可以收集数据和信息，深入了解问题的本质，并提出改进的措施。

行动研究的一个重要特点是反思。教师需要不断地反思自己的实践，并思考如何改进和提升教学效果。这种反思可以是个人的，也可以与其他教师合作。通过反思，教师可以发现自己的盲点和局限，并寻找解决问题的方法。

行动研究还强调实践和理论的结合。教师需要将理论知识与实际经验相结合，从而更好地理解问题和制订解决方案。通过实践和反思，教师可以逐步提升自己的专业能力，并为学生提供更有效的教学。

总之，行动研究是一种重要的方法，可以帮助英语教师在专业发展中不断改进和提升教学水平。它要求教师成为行动的研究者，通过反思和实践来解决问题，并不断改进自己的教学方法。

七、个案分析

个案分析是一种帮助英语教师提高教学反思能力的具体方法。通过参与教学竞赛、观摩优秀教师示范课以及听取公开课等活动，英语教师可以进行个案分析，从其他教师的教学中吸取精华，弥补自己教学中的不足之处，丰富自己的教学经验，进而促进自身教学的长期发展。

个案分析的过程中，英语教师可以选择一个具体的教学案例进行深入研究和分析，可以观察和记录自己在教学中的行为和决策，分析学生的反应和学习成果，以及评估自己的教学效果。通过这种系统性的反思和分析，教师可以更好地了解自己的教学方式和策略，并找出改进的方向。

在个案分析中，英语教师还可以积极参与教学交流和合作。他们可以与其他教师分享自己的个案分析，互相借鉴和学习。这种合作可以促进教师之间的专业成长，激发创新思维，提高整个教师团队的教学水平。

个案分析不仅可以帮助英语教师提高教学能力，还可以增强他们的自我认知和专业发展。通过深入研究和分析个案，教师可以更好地理解自己的教学信念、教学风格和教学目标，进而不断完善和调整自己的教学实践。

总之，个案分析是一种有效的教学反思和专业发展的路径。通过参与个案分析，英语教师可以不断提升自己的教学水平，为学生提供更好的教学效果。

八、微格教学

所谓微格教学，是指教师运用摄像机，将自己选择作为反思对象的某个教学方面记录下来，之后以旁观者的视角来分析、发现教学中的问题，寻求这些问题的解决方案。

通过微格教学，英语教师能够对自己在教学中的行为有一个清晰的了解。通过观看自己的教学录像，教师可以更客观地评估自己的教学效果，发现自己存在的问题和不足之处。这种自我反思的过程可以帮助教师提高自己的教学技能和教学质量。

此外，微格教学还可以促进教师之间的交流和合作。教师可以将自己的教学录像与其他教师分享，进行讨论和反思。通过观察其他教师的教学片段，教师可以获得不同的教学方法和策略的灵感，从而改进自己的教学实践。

总之，微格教学是一种有助于教师提高教学质量的方法。通过观察和分析自己的教学行为，教师可以不断改进和创新自己的教学方法，提高学生的学习效果。同时，与其他教师的交流和合作也可以促进教师之间的专业成长和教学水平的提升。

九、学习者反馈

学习者反馈在英语教学中起着至关重要的作用。通过学习者的反馈，教师可以了解学习者的学习状况、学习需求和学习困难，从而有针对性地调整教学内容和教学方法。

英语教师可以定期要求学习者对教学进行评价，包括教学内容、教学方式、教师的表现等。这可以帮助教师了解学生对教学的满意度，从而改进教学。

英语教师可以与学习者进行面对面的座谈，询问他们的学习感受、学习困难以及对教学的建议。这种交流可以促进师生之间的互动和沟通，增进彼此的理解。

英语教师可以通过学习者的测试成绩来评估他们的学习情况。测试成绩可以反映学习者对知识掌握的程度和学习效果，教师可以根据测试结果来调整教学内容和教学进度。

英语教师可以通过分析学习者的反馈信息，获取更明确、更丰富的信息，从而指导自身的专业发展。例如，教师可以通过学习者的反馈来了解自己的教学优点和不足，进而改进自己的教学方法和教学策略。教师还可以根据学习者的反馈，优化课堂教学，提供更好的学习体验和学习环境。此外，通过与学习者的积极互动和反馈，教师可以建立良好的师生关系，促进学习者的自主学习和教师的专业化发展。

十、合作研究

合作研究在教学反思中起着重要的作用。教学反思是一种集体活动，需要团队成员之间的配合和合作。通过合作研究，团队成员可以共同探讨教学中的典型问题，发挥各自的专长和经验，共同解决问题，寻找灵感，并提高团队的反思水平。

在合作研究中，团队成员可以分享彼此的教学经验，共同分析问题产生的原因和影响，并提出改进的建议和措施。通过集思广益，可以从不同的角度和方式来审视问题，找到更全面和有效的解决方案。

合作研究还可以促进团队成员之间的互相学习和成长。每位成员都有自己的专长和经验，通过合作研究，可以互相借鉴和学习，提高自身的教学反思能力。团队成员可以相互激励，共同探索教学中的挑战和难题，从而提高教学质量和效果。

此外，合作研究还可以促进团队的行动研究。通过合作研究，团队成员可以在实践中不断尝试新的教学方法和策略，并及时反思和调整。这种循环的反思和实践过程可以促进团队不断进步和创新，提高教学效果。

十一、专家听课

聘请有丰富经验的教师或教育者进行督导或让专家听课并提供指导，是一种有效的促进高校英语教师的反思能力构建的方式。这种做法可以通过以下方式实施。

（一）聘请教师或教育者进行督导

学校可以邀请有丰富经验的教师或教育者，如教育学专家或教育心理学家，对英语教师进行督导。这些专家可以通过观察教学过程、听课记录和与教师交流等方式，提供有针对性的反馈和建议，帮助教师发现自身的教学优势和不足。

（二）邀请专家听课并提供指导

学校可以邀请在英语教学领域有卓越成就的专家，如语言学家或教学法专家来听课并提供指导。专家可以针对教师的教学内容、教学方法和教学效果等方面进行评价，并提出改进建议。这种方式可以让教师从专家的角度获得宝贵的反馈，提升教学水平。

（三）提供客观评价和反馈

无论是教师还是教育专家，他们应该以客观、公正的态度对教师的教学进行评价和反馈。评价和反馈应该基于教学实际情况和教师的个人发展需求，帮助教师认识到自己的优势和不足，并提供具体的改进措施。

通过聘请教师或教育者进行督导或让专家听课并提供指导，可以为教师提供专业的支持和指导，帮助他们构建反思能力。这种反思能力的培养对于教师的专业成长和教学质量的提升非常重要。

十二、学术研讨会

学术研讨会是一种提高英语教师反思能力的有效方式。在学术研讨会上，不同学校的英语教师或教育者可以提出自己的问题、发表自己的观点，然后进行共同讨论，最终找到解决问题的办法。另外，研讨会也可以用来分享某些英语教育者的经验，让更多的英语教师受益，并促进英语教师专业化的发展。

学术研讨会的目的是促进教师的专业成长和教学质量的提高。通过参与研讨会，英语教师可以与其他教育者进行交流和互动，分享彼此的教学经验和教学方法，从而拓宽自己的视野，获得新的教学思路和策略。

在学术研讨会上，通常会有专家、学者或有丰富经验的教育者作为主讲人，分享自己在英语教育领域的研究成果和教学实践经验。与会者可以提问、讨论，共同探讨教学中的难题和挑战，并寻找解决问题的方法和策略。

通过参加学术研讨会，英语教师可以不断提升自己的专业水平，了解最新的教育理念和研究成果，从而更好地指导学生学习。此外，研讨会也提供了一个互相学习和支持的平台，教师可以相互交流、分享资源和经验，形成良好的教师社群。

高校英语教师教学反思能力的提升是提高教育质量的重要保障。通过以上一系列措施，可以推动高校英语教师教学反思能力的进一步提升。只有教师不断反思并积极改进自己的教学实践，才能更好地满足学生的需求，实现高质量的英语教育目标。

第五章　高校英语教师专业化发展创新诉求：依托信息化平台

　　高校英语教师专业化发展强调依托信息化平台进行创新性探索，通过充分利用现代技术，英语教师能够融入在线教学、虚拟实验等创新手段，拓展教学领域。信息化平台为英语教师提供了实时互动、在线资源共享的机会，促使其更好地适应学科发展和学生需求的变化。同时，利用数据分析和智能辅助工具，英语教师能够更精准地评估学生学习状况，个性化地指导教学。这种专业化发展的创新模式不仅提升了教学效果，也为培养更具竞争力的英语人才奠定了坚实基础。

第一节　教师的信息化素养

一、信息素养的概念与发展

（一）信息素养的概念

在当今数字化飞速发展的时代，信息素养已经成为一种不可或缺的生存技能。信息素养是指个体在获取、评估、利用信息的过程中所需要的一系列技能、态度和知识。它不仅仅是对技术的熟练运用，更是一种全面的信息意识和主动学习的能力。

信息获取能力包括对各类信息源的识别、检索、筛选和获取的能力。在互联网时代，信息的获取已经不再受限于传统媒体，而需要善于利用网络工具进行检索。

信息评估能力是能够判断信息的可信度、准确性和适用性，对信息进行客观分析。这涉及批判性思维和辨别信息真伪的能力，避免被误导或受到不准确信息的影响。

信息组织和管理是指能够有效地组织和管理获取的信息，使用适当的工具和方法对信息进行分类、存储和检索，这对于提高工作效率和知识管理至关重要。

信息应用能力是能够将获取的信息应用于实际问题解决和决策制定。信息素养强的个体能够将信息转化为知识，并灵活运用于工作、学习和生活中。

在数字化、信息化的社会中，信息素养是适应社会发展的基本要求。具备较高的信息素养可以更好地适应科技进步、社会变革的速度。信息素养不仅关乎对信息的获取和处理，还包括对工作流程的优化。具备信息素养的个体能够更迅速、准确地完成工作任务，提高工作效率。

信息素养培养了创新意识和创造性思维，有助于个体更好地应对日新月异的信息和技术变革，推动个体和组织的创新。在信息爆炸的时代，良好的信息素养有助于更有效地进行社交沟通。理解并正确运用信息，能够在社交网络中更好地表达自己，与他人交流合作。学校应该在教育体系中注重培养学生的信息素养，包括开设相关课程、提供实践机会，使学生能够在学校阶段就具备一定的信息素养。个体应该具备主动学习的意识，通过阅读、实践、参与线上课程等方式不断提升自己的信息素养水平。

信息素养需要不断更新，跟随科技发展的步伐。个体应该保持持续学习的动力，了解最新的技术和信息应用，将信息素养应用于实际生活和工作中是提升素养的有效途径。通过实际操作，不断积累经验，提高信息素养的实际运用能力。

综合而言，信息素养是数字时代个体不可或缺的一项核心能力。具备良好的信息素养可以让个体更好地适应社会的发展，提高工作效率，培养创新意识，更好地融入信息时代的社会生活。

（二）国外教师教育者信息素养发展

1. 美国教师教育者信息素养发展

在过去几十年里，美国教育系统经历了信息技术革命的巨大变革。自1989年美国图书馆协会信息素养委员会发布《终结报告》开始，教育者们就开始关注信息素养对于教师教育的重要性。此后，一系列政策和倡议不断涌现，旨在将技术融入教学并提升教师的信息技术能力。

1989年，《终结报告》首次呼吁将信息素养融入教师培训。1996年，"教育技术行动纲领"提出了教师整合技术与课程的挑战，明确指出教师需要掌握技术以支持教学。1997年，克林顿前总统在国情咨文中强调了为数以万计的教师提供网络教学培训的必要性。2001年的教育报告更是强调了培训所有教师是教育信息化的目标之一。

美国政府在此背景下扮演了重要的引导角色。从启动培训项目、提供财政支持到制定教师教育技术标准，各方面都在努力推动教师技术素养的提升。在启动培训项目方面，1999年美国联邦教育部启动了PT3项目，资助了大量的教育技术培训项目，涵盖了各级各类教育结构。财政支持方面，来自联邦政府、州政府、学校、公司和基金会的大量资金纷纷投入教师信息技术教学中，以推动教师培训。博物馆和图书馆协会也投入了资金，支持了网络信息科学项目的建设，其中一个重要目标是培训高校教师的网络教学技能。

美国2008年版的教师教育技术标准强调了教师利用教育技术促进学习者发展的重要性。标准并未仅仅规定教师如何使用信息技术开展教学，而是强调教师应以身作则，注重公民素质、责任意识和全球意识。这表明美国教师的信息素养已经逐步提升至一个较高的水平。

（1）非营利机构的协调

美国在教师信息素养发展的进程中积极推动非营利性机构的参与，其中美国远程教育委员会和教育传播与技术协会是两个备受瞩目的代表。这两个机构在促进远程教育和提高教育技术应用水平方面发挥着重要的作用。

美国远程教育委员会通过其出版物为教师和研究者提供了一个广泛而深入的交流平台。该委员会致力于推动远程教育的研究和实践，其刊物为教育领域的专业人士提供了及时而有深度的信息。这有助于教育者更好地了解远程教育的最新趋势、挑战和创新。通过这样的平台，教育工作者能够分享经验、研究成果，共同推动远程教育的发展。

教育传播与技术协会是另一支在教育技术领域发挥关键作用的力量。该协会通过免费提供技术产品和顾问服务，为高校教师提供了重要的支持和资源。这种支持不仅包括技术工具的提供，还包括专业的咨询服务，帮助教师更好地整合和运用技术于教学实践中。通过这一方式，教育传播与技术协会在促进高校教师网络教学技能的培训和提高整体信息素养水平方面发挥了积极的作用。

（2）高校的投入

在过去的十几年里，美国高等院校对教师进行网络教学技术培训的方式日益多样化。这一培训旨在使教师更好地适应数字化时代的教学环境，提高他们的网络教学技能，以更好地满足学生的学习需求。

首先，通过基于网络的自主学习形式，许多美国高校采用在线论坛、教育社区等平台发布网络课程模板和课件，同时分享资深教师的网络教学心得。这种自主学习的模式为广大教师提供了便捷的学习资源，使他们能够根据个人需求和兴趣进行学习，不受时间和地点的限制。

其次，美国高校还采用集中培训形式，通过专门的培训机构或学校内部资源，组织教师参与网络教学技术的培训活动。这些培训通常涵盖课程设计、在线教学工具的使用、学习管理系统的操作等方面，旨在系统性地提高教师的网络教学水平。

混合培训形式也逐渐受到重视。安德森（Anderson）和奥亚尔祖姆（Oyarzum）提出了一种混合模式，结合了ADDIE（分析、设计、开发、实施、评估）模式和学习者共同体模式。这种模式融合了集中强化培训、一对一培训、即时培训和社交联谊等形式，为教师提供了更为全面和多元化的培训体验，使其在不同方面得到更好的支持。

除了学校内部的培训机制，美国高校之间以及高校与培训机构之间也通过合作为教师提供网络教学技术培训。合作涉及跨校的联合培训项目，如门罗社区学院与纽约州立大学网络学习中心的合作，共同完成两校教师的培训。此外，美国远程教育和培训委员会与高校合作，共同推动网络教学技能培训的发展，促使教师更好地适应在线教育的新形势。

2.欧洲教师教育者信息素养发展

20世纪90年代中后期，欧洲各国为了提升教师信息素养，都陆陆续续制定各种政策法规。例如，英国政府在1995年推出题为"教育高速公路：前进之路"的行动计划，宣布1998年为网络年，当年拨款1亿2百万英镑，次年拨款1亿5百万英镑，专门用于教育信息化建设，尤其是更新教师的ICT能力，计划在四年内培训所有教师的网络使用能力。再如，德国议会于1996年12月通过了世界第一部《多媒体法》，随后各州文教部长联席会议决定正式把媒体教育纳入师资培训内容。

欧洲其他国家也努力加强教师的信息素养教育和培训。例如，1998年初，法国教育部强调教师培训是最紧迫的任务。法国教育部增设计算机专业教师培训点，培训年轻博士从事多媒体教学，并将新教学技术作为教师继续培训的最重要内容。再如，1997年到1998年间，瑞典政府启动了"学校中的ICT"的国家级行动项目，它是一个ICT项目和学校发展项目，将为全国大约75000名教师提供在职培训作为重要任务，囊括了学龄前到成人教育各个层次的所有教育人员。

（1）英国《ICT应用于学科教学的教师能力标准》

"ICT在学科教学中的应用教师能力标准"是由英国教育和技能部等机构制定的一个综合框架。该框架由教师培训机构实施，为接受ICT培训的学科教师制定了两个主要标准：第一个标准侧重于有效的教学和评估方法，而第二个标准强调将信息和通信技术纳入学科教学所需的知识、理解和技能。

该框架有18个初级指标和50个次级指标，指导教学过程的实施。它根据不同学科和教师阶段的独特特征来调整指导，为组织学科内容、教学方法和技术利用提供指导。这一框架不仅是发展学科教师信息和通信技术能力的基准，也是各国制定本国教师信息素养标准的宝贵参考。

此外，英国2010年出版的《21世纪教师手册》通过制定更高、更专业的标准，提高了教师的信息素养。它包括三个方面：学习和教学、规划和管理以及评估和报告。它进一步将这些方面分为三个层次——技能和实践、知识和理解以及价值观和素质。

虽然《信息和通信技术在学科教学中的应用教师能力标准》主要关注教师在学科教学过程中的信息素养，但《21世纪教师手册》将其范围扩展到不仅仅是信息技术的应用。它要求教师不仅要将信息技术应用于学科教学，而且要具备利用信息技术促进学习者发展、沟通、协作和自身专业成长的能力。

（2）《欧洲教师信息和通信技术应用能力框架》

《欧洲教师信息和通信技术能力框架》源于"2010年教育和培训"倡议下的uTeacher项目。该框架综合了欧洲国家信息和通信技术培训和专业发展的经验，围绕四个目标维度（自我、学习者、同事、环境）和八个领域维度（教学、课程、学科知识、专业发展、组织、政策、道德、创新和技术）构建。

这一综合框架贯穿了32个能力指标，为数字时代的教师提供了强有力的指导。它强调信息和通信技术能力的个人、人际和背景方面的相互联系，鼓励教师不仅在教学的技术方面，而且在道德、政策意识和创新实践等领域提高自己的能力。

英国的"ICT在学科教学中的应用教师能力标准"和欧洲的"教师ICT能力框架"在塑造教育工作者的能力格局方面发挥着关键作用。前者侧重于特定主题的通信技术能力，而后者则提出了更广泛、全面的方法。世界各地的教育工作者可以从这些框架中汲取灵感，根据他们的具体教育背景来调整其实施方式。随着技术的不断进步，这些框架可能会不断发展，确保教师具备驾驭数字时代不断变化的教育格局的能力。

3.亚太地区教师教育者信息素养的发展

（1）新西兰

新西兰在亚太地区被誉为信息化教育的领先者，其成功经验主要体现在教师信息素养的培养方面。自1998年起，新西兰教育部便启动了ICTPD学校群计划（Information and Communication Technology Professional Development），这一计划为新西兰教育系统的信息化发展奠定了坚实基础。

ICTPD计划的三大目标为：首先，促进ICT在课堂教学中的使用形式、频率和效率；其次，提升教师的ICT技能和教育理念；最后，促进ICT在教育领域的专业发展、教学管理和学校管理工作中的应用。这一计划的实施取得了显著的成效。

首先，ICTPD计划显著提高了教师的ICT能力和信心。通过系统的培训和认证机制，教师更加熟练地掌握了ICT技术，增强了他们在教学中的自信心。

其次，ICTPD计划促进了教师对于ICT在教学中的角色的深刻理解。教师逐渐认识到ICT不仅仅是一种辅助工具，更是可以深刻改变教学方式和学习体验的重要元素。

第三，ICTPD计划有效地促进了教师的专业发展。教师通过参与计划，不仅提高了自身的ICT技能，还对教学理念和方法进行了全面的审视和提升。

最后，ICTPD计划在很大程度上改变了教师的课堂实践。教师更加灵活地运用ICT技术，创造性地设计教学内容，使课堂变得更加生动有趣、互动性更强。

（2）日本

日本政府响应时代潮流，于2000年通过了具有重要历史意义的"IT基本法"，从而全面推进教育信息化，这标志着日本开始了一场致力于建设信息化先进国家的重要征程。随后，日本政府相继提出了E-Japan策略（2001年）、E-Japan Ⅱ策略（2003年）以及实施于2006年后的IT新改革战略，这一系列举措旨在通过充分利用信息技术，使其在全球信息化浪潮中保持竞争力。

为了更有效地实施新的改革策略，日本政府进一步制定了《教师使用ICT指导学习能力标准》。这一标准明确了教师在信息化时代所需具备的关键技能，分为五个能力维度，涵盖了校务工作、教学、教材研究与评价、信息道德以及学习者使用ICT等方面。这些标准为日本教育体系提供了明确的方向，以确保教育者在数字化时代能够胜任其角色，更好地服务于学生的学习需求。

为了推动在职教师更好地适应IT新改革战略，日本政府制定了一系列具体的ICT培训规划。这些规划包括：

信息技术相关的道德规范。强调培养教师在信息化环境下保持良好职业操守和行为准则的能力。

面向信息的社会与教育。为教师提供关于信息社会和信息教育的知识，以使其更好地理解并适应新的教学环境。

学校网络的设计。强调学校网络基础设施的规划与设计，确保教育机构拥有稳定而高效的网络环境。

ICT课程的设计与教材的开发。提供教师必要的技能，使其能够设计并开发适用于ICT环境的教学课程和教材。

创建ICT课程。帮助教师建立和完善ICT课程，使其在教学中更好地融入和运用信息技术。

ICT教育的技术与教学方法。强调培养教师运用最新的ICT教育技术和方法，提高他们的教学水平。

ICT评价与咨询顾问。提供对其他国家在职教师培训的评价和咨询服务，为其他国家的教育体系提供参考和借鉴的机会。

这一系列规划的制定旨在全面提升在职教师的信息技术水平，以适应不断发展的教育技术和信息社会的需求，为其他国家在推动教育信息化、促进在职教师专业成长方面提供了有益的借鉴和经验。通过这些举措，日本致力于构建更为先进、创新和适应性强的教育体系，以培养更具竞争力的未来人才。

（二）我国教师教育者信息素养发展

1. 面授和网络结合的教师培训

在我国，教育部成立的全国大学教师在线培训中心标志着利用数字平台促进专业发展迈出了重要一步。这一举措旨在满足对灵活和方便的教师培训计划日益增长的需求。在线培训为教育工作者提供了随时随地获取高质量课程和资源的便利，使他们能够根据自己的时间表和个人需求定制学习体验。

北京高等教育教师培训中心发起的教师教育技术培训项目是在这方面努力的一个显著例子。该项目开发了一个全面的质量保证体系，包括组织结构、教学内容、培训方法和评估标准。该中心采用的系统方法反映了确保在线教师培训符合科学严谨性、创新性和完整性的最高标准的承诺。

在线教师培训的优势是多方面的。首先，它超越了地理限制，使来自不同地区的教育工作者能够获得培训项目，而无须实际搬迁居住地。这种包容性促进了思想和实践的多样性交流，丰富了所有参与者的学习体验。

此外，在线教师培训具有内在的适应性，可适应不同教育者的不同节奏和学习风格。这种灵活性使教师能够深入参与内容，培养更个性化、更有效的学习体验。此外，数字平台的使用有助于整合多媒体资源、互动元素和协作工具，提高培训的整体质量。

尽管有明显的好处，但在确保在线教师培训的质量和有效性方面仍存在挑战。发展强有力的评估机制、不断更新内容以反映最新的教学进步以及提供充分的技术支持是需要关注的关键方面。

2. 校本培训

随着信息技术在教育中的不断发展和普及，教师的信息素养愈发成为关键的教育支持要素。在这一背景下，校本培训作为教师信息素养培训的重要模式，在许多高校得到了广泛的实施和认可。通过充分利用本校资源，高校积极开展多样化的信息技术培训活动，为教师提供更加全面和深入的专业支持。

首先，高校校本培训以学校的实际需要为依托，因地制宜地设计和实施培训方案。不同学校、不同学科的需求各异，因此校本培训强调个性化和定制化。通过调查分析本校教师的信息技术应用水平和需求，培训内容更贴合教师的实际工作，使培训更具实效性和针对性。

其次，校本培训采用多种方式，丰富多彩的培训形式使得教师能够更加主动地参与其中。邀请信息专家和技术人员开展讲座，为教师提供前沿的科技资讯；举办培训班，通过系统的学习让教师更深入地了解教育技术理论和实践经验；案例教学展示，通过分享成功的信息技术整合案例激发教师的学习兴趣；多媒体课件比赛，提供一个交流与展示的平台，激发创新精神。这样的多元化培训方式不仅满足了不同教师的学习风格，也激发了教师对信息技术的积极性。

同时，校本培训着眼于培养教师将所学到的教育技术理论和技能运用到实际教学中的能力。培训不仅仅停留在理论层面，更加注重实践操作。通过实际的案例分析、课堂模拟和教学实践，教师能够更好地理解和应用信息技术，提高信息技术在教学中的实际应用水平。[①]

3. 社会机构开展的培训

在不断发展的教育格局中，各种社会机构和国际组织的贡献大大促进了我国大学教师信息素养的发展。一个值得注意的方向是外国研究机构和国内大学合作开展教师信息素养研究和培训项目。

在这方面，电子中国项目是一个典范。该项目由英国高等教育资助委员会（HEFCE）支持，英国多家教育研究机构参与，与清华大学、北京师范大学、北京外国语大学等中国著名大学合作。国际研究机构和基金会的参与为培训计划增添了全球视野，丰富了培训计划的各种见解和方法。

这种合作的意义不仅在于知识的交流，还在于将国际最佳实践与我国高等教育的独特需求和背景相结合。这些伙伴关系不仅有助于提高我国大学教师的信息素养，而且有助于培养全球教育研发合作文化。

此外，地方倡议的作用怎么强调都不为过。许多出版社在为大学英语教师提供信息素养培训方面采取了积极主动的态度。这种独特的中国方式体现了两个关键优势。首先，它解决了某些地区和机构针对学校的本地化培训计

---

① 李正栓，郝惠珍.中国语境下英语教师教育与发展研究[M].保定：河北大学出版社，2009：21-55.

划的局限性。通过提供更广泛的培训，这些举措确保不同背景和地点的教师能够获得宝贵的资源和专业知识。

其次，出版社参与信息素养培训将市场驱动和需求导向的视角带到了最前沿。这些实体在市场经济的框架内运作，敏锐地适应外语教师的具体需求。因此，培训内容不仅与当前的市场趋势相一致，而且还针对语言教育工作者在信息素养方面不断发展的要求进行了调整。

出版社和教育工作者之间的这种共生关系不仅有利于教师自身，也有助于教育质量的全面提高。它代表了经济原则和教育目标的独特融合，市场是大学教师信息素养发展的驱动力。

二、英语教师信息化素养的特点

（一）复合性

随着信息技术在教育领域的广泛应用，英语教师的信息化素养成为一个备受关注的话题。这种素养涉及多个方面的能力，从基本的教学技能到促进学生信息化学习的能力，从个体发展的层面到整体教学的角度，形成了一个复合而又多层次性的素养体系。

1. 教学方面的信息化素养

在教学方面，英语教师需要具备知识和技能的传授能力，包括对信息技术工具的熟练运用，以及将其有机地融入英语教学中。教师应当具备利用多媒体、在线资源等手段进行知识传递的能力，使学生能够更加生动地理解和掌握英语知识。

2. 实践方面的信息化素养

信息化素养不仅仅停留在理论层面，更需要英语教师能够在实践中运用所学。这意味着英语教师需要灵活运用信息技术工具，创造性地设计教学活动，以提升学生的英语水平。实践能力也包括了在面对技术挑战时能够迅速适应和解决问题的能力。

3. 面向教师发展的能力

信息化素养还要求英语教师能够不断关注并学习新的信息技术发展，不断提升自身的专业素养，包括参与专业培训、研讨会，积极参与教育技术社区，从而保持对新技术的敏感性和学习动力。

4. 促进学生信息化学习的能力

英语教师的信息化素养也要求他们能够引导学生更有效地利用信息技术进行学习。这不仅包括教授学科知识，还要培养学生的信息搜索、分析、整合和创新能力，以适应信息时代的学习需求。

尽管传统教学中英语教师已经具备一定的复合性能力，信息化素养的要求与之有所不同。这种不同主要体现在信息技术的动态介入上，要求英语教师不仅具备传统教学的能力，还要不断更新自己的知识结构，灵活应对不断涌现的新的教育技术。

（二）关联性

随着信息技术在教育中的快速发展，英语教师的信息化素养变得尤为关键。这一素养并非单一的能力，而是由众多子能力综合构成，这些子能力之间相互联系、相互影响，形成了一个复杂而协调的整体。

1. 基本的教学能力

英语教师的信息化素养首先是建立在基本的教学能力基础之上的，包括对学科教学内容的熟练掌握，对一般教学法的应用能力，以及基本的教学技术能力，这些基础能力为信息化教学提供了坚实的基础。

2. 学科内容能力

信息化素养对英语教师的学科内容能力提出了更高的要求。英语教师不仅需要熟悉英语学科的基本知识，还要理解如何有效地将这些知识结合信息技术运用到教学中，使学科内容更加生动、贴近学生实际生活。

3. 信息化英语教学法相关能力

英语教师的信息化素养还需要涵盖信息化英语教学法相关能力，包括对数字化教材的使用、在线资源的整合、多媒体工具的灵活运用等方面的技能。英语教师需要学会借助技术手段创造更富有互动性和趣味性的教学环境。

4. 发展的递进性

信息化素养的发展呈递进形式。这意味着英语教师不能满足于初级的信息技术应用，而应不断提升自己的信息化水平。在信息技术不断更新的环境中，英语教师需要不断学习新的工具和方法，适应新的教学需求。

5. 不同发展阶段的侧重点

在不同的发展阶段，英语教师的信息化素养有着不同的侧重点。初级阶段可能更注重基本技术的熟练应用，而在高级阶段，则需要更深入地思考如何将信息技术与学科教学更有机地结合，实现教学的创新与提升。

6. 平衡与协调的重要性

为了使英语教师的信息化教学能力得到良性发展，需要在动态的发展中寻求新的平衡与协调，包括在教学中合理整合信息技术，保持教学内容的深度和广度，并根据学生的不同需求调整教学策略等。

（三）发展性

在英语教学领域，信息化的影响不仅仅表现在教学方法的更新换代，更体现在英语教师综合素养的发展和提升上。以下将从英语教师信息化素养的发展、信息技术的快速更迭对教学带来的挑战、英语教师专业发展的动态性等方面展开讨论。

首先，英语教师的信息化素养至关重要。英语教师不仅需要具备一定的信息技术操作能力，更需要不断发展和提升这一素养。这是因为信息化时代的英语教学情景变得愈发复杂多样，不同的学习对象有着各异的学习发展和能力要求。只有英语教师具备了良好的信息化素养，才能更好地应对这些多样性，使教学更为个性化、精准化。

其次，信息技术的快速更迭对英语教学提出了新的要求。在信息化社会中，信息技术的更新周期逐步缩短，不仅涉及硬件设备的更新，更包括信息化学科教学与相关的教学方法的不断变革。英语教师需要与时俱进，不断学习新技术、新工具、新方法，以适应变化莫测的教学环境。只有这样，才能更好地利用先进的技术手段提升教学效果，使学生能够更好地适应未来社会的发展需求。

最后，英语教师的专业发展呈现出动态性和终身性。这一特点与信息化社会的要求高度契合。在信息化时代，知识的更新速度迅猛，而教育是知识传递的媒介。因此，英语教师需要不断根据不同职业发展阶段调整自身的教学能力结构，实现教学方法的创新与优化。信息化素养的发展在其中扮演着引领的角色，指导着英语教师如何更好地应对教学挑战，如何更好地发挥信息技术在教育中的作用。

（四）情境性

同一教学对象和内容在不同的信息化教学情境中进行学习活动，对英语教师的信息化素养提出了较高的要求。这要求英语教师具备在多样化情境下灵活应对的能力，能够根据不同的教学环境调整自己的信息化教学策略，以更好地满足学生的学习需求。因此，英语教师的信息化素养必须具有多样性，以适应各种教学情境的变化。

英语教师的信息化素养是依赖于信息化教学情境中主体实践的体验的。这意味着英语教师不仅需要具备理论知识，还需要通过在实际教学中的实践不断丰富自己的经验。只有通过在信息化教学情境中的实际操作，英语教师才能更好地理解学生的学习需求、把握技术工具的使用方法，并在不同情境下运用这些技能。

信息化教学情境体验对于英语教师信息化素养的发展具有一定的要求。包括对新技术的熟练运用、对学生学习行为的敏感洞察力，以及在面对技术变革时的适应能力等方面。缺乏这些方面的体验，英语教师的信息化素养发展将受到限制，难以跟上信息时代快速发展的步伐。

因此，为了促进英语教师信息化素养的全面发展，我们需要在教育培训中注重对信息化教学情境的模拟体验，为英语教师提供多样的情境实践机会。只有通过这样的方式，英语教师才能更好地适应信息化教学的需求，将技术有机地融入教学实践中，为学生提供更富有创造性和互动性的学习体验。在信息化的时代，培养具有丰富信息化素养的英语教师将有助于推动教育的创新和进步。

第二节　高校英语教师信息化教学能力现状及影响因素

一、高校英语教师信息化教学能力发展现状

英语教师信息化教学能力发展现状主要集中在以下几个方面。

第一，部分英语教师对信息化教学方式存在排斥心理，很少在英语课堂上使用信息化教学设备，仍然以板书教学为主。即使采用信息化教学方式，也是以PPT教学为主。信息化教学的实际应用水平普遍偏低。

第二，部分英语教师在采用信息化教学的方式后，虽然可以提高学生学习英语的积极性，但是学生的学习效果并不明显，使大多数英语教师摒弃了信息化教学方式，仍然选择传统的板书教学方式。

第三，部分英语教师的教学手段单一，无法充分发挥信息化教学的优势，只有在播放英语听力的时候才会使用信息化设备，导致信息化设备很难得到有效的应用。

第四，部分英语教师缺乏信息化教学的经验，不能有效地将课堂教学与信息化设备相结合，导致学生的听课效率较低，使信息化教学的作用严重下降。

由此可见，英语教师信息化教学能力发展水平普遍偏低，英语教师并没有发挥出信息化教学的优势，反而将信息化教学方式看作影响课堂教学的一种阻碍，导致信息化教学无法得到更大的发展。[1]

---

[1] 刘忠喜.英语教师教育者专业发展途径的多维度探究[M].长春：吉林大学出版社，2018：29-36.

二、影响高校英语教师信息素养的主要因素

影响英语教师信息素养的因素主要有以下两个。

(一) 职前培养

1. 课程设置

随着信息时代的来临，信息技术的快速发展对各行各业提出了新的要求，教育领域尤其如此。然而，对于高校英语教师的信息素养培训而言，存在一系列问题和挑战，直接影响着他们在教学岗位上使用信息技术的能力。

首先，21世纪初，我国英语师范生的专业培育中普遍缺失了计算机辅助外语教学等相关课程的设置，这导致在高等教育阶段，英语教师并未受到足够系统的信息技术培训。尽管一些高校进行了一些尝试，但这类课程并未引起足够的重视，导致信息技术与外语课程整合在外语专业课程设置中一直处于边缘地位。

其次，早年我国本科阶段关于信息技术的相关课程更侧重于操作技能，鲜有涉及技术与教学的整合，这使英语教师在使用信息技术进行教学时，更注重于工具的使用而忽略了教学方法和策略的结合。这对于提高英语教育质量、培养学生的综合能力形成了一定的制约。

另外，外语硕士教学计划和课程设置也很少关注未来教师教育者的信息素养培养问题。在研究生阶段，英语教师应该接受更为深入、专业的信息技术培训，以应对不断发展的教育技术和教学模式。

2. 外语学科教学环境

教师的教学风格常常受其求学阶段的影响。对于专业英语教师而言，如果缺乏对信息技术与英语教学的整合，可能会延续学生时代接触到的教学模式，难以有效地将信息技术与英语教学融合。专业英语教师对技术的运用较为欠缺，常见的课堂展示工具多限于Word、PowerPoint、CD-ROMs、电视录像和录音等，而缺少信息技术与语言教学整合的体验。

这种现象带来了一个重要问题：缺乏信息技术与语言教学整合的课堂使

学习者在未来运用信息技术进行教学时感到困惑和不适应。

解决这一挑战的方法之一是将信息技术融入高校英语教师的职前培训中。近年来，师范院校开始更加注重教师职前信息素养的培养，积极尝试提升教师的技术能力和信息素养。这一举措已经取得了一定的成效，为英语教师整合信息技术与语言教学提供了更多可能性。

（二）在职培训

随着信息技术在各行各业的广泛应用，高校英语教师对信息素养的需求日益迫切。然而，当前的在职培训存在一系列问题，阻碍了英语教师在技术应用、教学理念和自身发展方面的全面提升。

以下是存在的一些主要问题：

1.过于注重技术，忽视理论学习

当前的培训目标和内容往往过于注重技术的层面，而忽视了观念和理论层面的学习。为了更好地整合技术与教学，培训应该更加平衡，注重教师对信息技术背后原理和教学理念的深入理解。

2.培训机会不多

很多教师反映在职培训机会相对有限，难以满足他们对信息技术学习的渴望。

3.缺乏前瞻调查和后续改进

在培训管理上，缺乏对培训前的教师需求的全面调查，也缺乏对培训后效果的跟踪和改进机制。

4.培训形式单一

目前的培训形式主要以短期集中培训为主，模式较为单一，缺乏对个体差异的考虑，而且培训结束后缺乏对教师的持续支持。

第三节 高校英语教师信息化素养的提升途径

一、自主学习

自主学习是高校英语教师提高信息素养的重要途径，也是最容易实现的一种途径。

（一）自主学习的含义

自主学习的概念自20世纪初便开始受到学者们的关注，然而对其定义的一致性至今仍未达成。在表达这一概念时，学者们采用了多种术语，如"自主学习""主动学习""自学""自我管理学习"以及"自我教育"等，彰显了对这一主题不同侧重点的思考。

广义上，自主学习涵盖了人们利用各种手段和途径进行的目的明确、选择性强的学习活动。这种学习活动旨在实现个体的自主发展，通过主动选择学习内容和方法，塑造个体学习的独特路径。而狭义上的自主学习则更强调学生在教师的指导下，以自觉、能动、创造性的方式进行学习，旨在实现教育实践中的自主发展。

狭义的自主学习主要发生在学校教育的范围内，这也是本书对自主学习进行研究的出发点。在学校教育中，自主学习能力成为学习者综合学习能力的关键组成部分。这种能力要求学习者不仅具备必要的知识和技能，还需要具备在学习过程中自主选择学习内容、灵活运用学习策略、主动解决问题的意愿和能力。只有这样，学习者才能有效地实现设定的学习目标。

值得注意的是，自主学习的定义和理解因学者而异，不同的学者对自主学习的关注点和角度存在差异，这体现在他们选择的表达方式上。有的学者更注重学生在学习中的主动性，因此使用"主动学习"这一术语；有的则更关注学生独立于教师进行学习，因而选择"自学"作为表达方式。这种多元性反映了自主学习的复杂性和多层次性，为该领域的研究提供了广阔的空间。[①]

（二）自主学习的特征

自主学习，这个概念在定义上有着多样的解释和不同学者的诠释。这种多样性源自对自主学习内涵的不同理解和对其特征的不同解读，而这种多样性的解释也反映了对自主学习这一概念理解的广度和深度。

自主学习，首先被看作一种学习活动。在这个角度下，自主学习被视作一种行为，一种主动参与的学习过程，它强调学习者在学习过程中的主动性和自发性。这种观点下，自主学习的特征包括学习者自发地选择学习内容和方式，以及在学习过程中展现出的独立性和自我驱动力。

另一方面，有学者将自主学习视为一种学习过程。在这种看法下，自主学习更强调学习者在学习过程中的探究、反思和适应能力。这种学习的特征包括学习者通过自我反思、调整学习策略以及适应不同学习环境来获取知识和技能。这种过程性的特征使自主学习成为一种灵活而持续的学习方式。

还有一些学者认为自主学习是一种学习模式。这种模式下，自主学习不仅仅是学习活动或过程，更是一种根深蒂固的学习态度和方法。这种模式的特征包括学习者具备的自我管理、目标设定、自我评价和反馈机制。这种模式的建立需要学习者具备自我激励、坚韧不拔和自我纠正的能力和素养。

（三）高校英语教师的自主学习

随着教育技术和语言教学理念的不断更新，高校英语教师的自主学习成为提高信息素养、适应教学变革的关键一环。这种自主学习涵盖多种形式，旨在丰富英语教师的专业知识、拓宽教学视野。以下是一些常见的自主学习形式。

---

① 张正东，李少伶.英语教师的发展[J].课程·教材·教法，2003（11）：59-66.

1. 收看教学录像

通过观看自己或同行的教学录像，英语教师能够客观地评估教学方法、语言运用和学生反馈。这种形式的自主学习为英语教师提供了改进教学的实际案例，促使他们更加深入地思考教学策略和效果。

2. 参与网络教育论坛讨论

网络教育论坛为高校英语教师提供了一个全球化的交流平台。通过参与讨论，英语教师可以分享自己的教学心得，获取国际上的最新教学动态，建立起跨文化的教学视野，为自己的教学注入新的思维和灵感。

3. 阅读相关文献

深入阅读与语言教学相关的文献是提高英语教师专业素养的必要途径。新的教育理念、教学方法以及跨学科的研究成果都可以通过文献阅读得以了解。这有助于英语教师更好地理解语言学习的理论基础，为实际教学提供理论支持。

4. 观摩他人教学

通过观摩他人的教学，英语教师可以借鉴不同风格和方法的教学经验。这种形式的学习有助于打破教学中的孤岛感，促进同行之间的合作与共同成长。

5. 参加教学研讨会

教学研讨会是集中展示和分享教学研究成果的平台。英语教师可以通过参加研讨会，了解同行们的最新研究成果，拓展自己的教学思路，获得专业反馈。

此外，高校英语教师的自主学习也包括向学习者或自己的孩子学习，以更好地理解学生需求和调整教学策略。在全球范围内，许多在线平台提供了丰富的语言教育资源和发展机会，为英语教师提供了灵活多样的学习途径。

需要注意的是，不同的学习途径各有利弊。在提高信息素养的过程中，应根据实际情况和个体需求选择灵活多样的学习形式。例如，面对面的培训有助于培训师当面指导，但可能缺乏个性化和针对性；网络协作学习具有自主灵活性，但需要注意培训组织和管理的松散性可能带来的效率问题。

二、专业培训

培训可以说是提升高校英语教师信息素养最直接的途径，也是非常有效的途径。

（一）培训的内容

随着信息技术在教育领域的快速发展，高校英语教师的信息素养培训已经逐渐从技术技能的简单传授转变为更注重技术与课程、教学的深度整合。这一变革的动机在于，技术培训虽然能够提高英语教师的信息技能，但并不足以保证他们能够主动、有机地将这些技能应用于实际教学中。在此背景下，培训的关注点逐渐从技术本身转向技术的"教育应用"。

最初的培训往往以信息技术技能为中心，但这种做法可能引发教师或教育者的焦虑和抵触情绪。纵然掌握了技术技能，英语教师面对如何将这些技能有效地融入教学实践中的问题时仍感困扰。因此，培训策略需要更多地考虑教育者在实际教学中的需求和挑战。

（1）培训应该努力澄清、落实和强化新模式的理念，特别是需要明确教师或教育者在信息化教育环境下的角色定位、教学结构、师生关系等关键内容，这涉及对教育理念的深入理解和对现代教学模式的积极接受。转变过程中，培训可以提供理论支持，引导英语教师逐步拥抱新的教学理念，从而更好地将其融入信息技术与教学实践中。

（2）培训要突出信息技术在教学中的实际应用，不仅涉及人工智能、数字化和信息网络等关键技术工具的应用，还应包括现代教育技术的理念和方法、生态型外语教学环境的构建、信息技术与外语课程整合的方法和案例讨论等。这种培训注重实际操作，使英语教师在培训过程中亲身体验信息技术在外语教学中的价值，并学习如何灵活运用这些技术工具。

（二）培训方式

高校英语教师的信息素养培训是适应教育信息化发展的迫切需求，为了更有效地提升英语教师在多媒体、网络和智能化教学环境下的信息素养，采取的一系列创新性的培训方式。

1.体验式培训：开启虚拟世界的大门

体验式培训强调在信息化环境中进行学习，通过亲身感受多媒体和网络在教学中的应用，增强英语教师对这些工具的认识和运用能力。借鉴伍德（Wood，2013）的理念，创建"虚拟世界技术教师发展工作坊"成为一种有效手段。这样的工作坊不仅提供理论知识，更重要的是让英语教师深刻感受到多用户虚拟环境在教学中的潜力，培养其运用虚拟世界技术进行教学的意识和实际操作能力。

2.分层或分级培训：因材施教的智慧选择

英语教师的信息素养水平存在差异，因此分层或分级培训是一种贴近实际情况的策略。根据刘翠萍和杨鸣放的建议，可以将英语教师分为不同层次，有针对性地进行培训。对于信息技术基础薄弱的英语教师，培训重点在于掌握基本能力；对于具备一定技术基础的英语教师，培训注重发展性，提高设计多媒体和网络课件的能力；而对于已经具备较高水平的英语教师，高级研修班则是提升研发和创新能力的有效途径。

3.反思性培训：桥梁连接理论与实践

传统的讲授式培训存在一定的弊端，英语教师难以将理论知识有效地融入到实际教学中，为此，引入反思性培训，让英语教师在学习的同时反思自己的教学活动，成为"倡导的理论"和"采用的理论"之间的桥梁。通过分析教学行为、决策和结果，英语教师能够更深刻地理解信息化教育的本质，从而在实践中更加灵活地应用所学知识。

第六章 高校英语教师专业化发展驱动力量：实施职前职后教育

高校英语教师专业化发展的引擎在于职前和职后教育的全面实施。职前培训注重理论知识与实践技能的融合，为新教师提供坚实基础与教学策略，促进专业素养的初步建立；而职后教育则强调不断学习与更新，培育持续发展的教育者。这种全方位教育模式激励着教师群体不断深化专业认知、探索创新教学法，并融入最新技术，以更好地迎接多样化、挑战性的教学环境。因此，职前职后教育不仅是英语教师个人专业成长的关键，也是提升整个高校英语教学水平的动力所在。

第一节　高校英语教师职前教育与职后教育

一、高校英语教师职前教育

（一）职前英语教师

职前教师是指就读于师范类院校或师范类专业的学生，他们拥有较为明确的就业方向，即到各级各类学校或其他教育机构从事教育教学工作，是未来教师的预备者。职前英语教师是指毕业后从事基础教育英语教学的师范类专业或师范类院校在校生。英语专业师范生是我国基础教育未来英语师资的主要生力军，也是最大的职前英语教师群体，职前培养涵盖他们从入校至大学毕业前取得教师资格证的这个时间段内生活、学习、实习、毕业设计等各个方面和环节 。在"职前"这个时段内，他们所做的一切工作都是在为成为一名合格的师范毕业生打基础，目的是在毕业之际使自己具备一名合格英语教师所应具备的各种素养，以便入职后可以迅速适应英语教师色。

（二）职前英语教师职业素养提升的主要路径

1. 增强职前英语教师职业认同感

新时代，国家在教师待遇和条件、荣誉等方面都给予了政策支持，比如，《国家中长期教育改革和发展规划纲要（2010—2020年）》提出，"提高教师地位待遇，不断改善教师的工作、学习和生活条件，吸引优秀人才长期从教、终身从教研究制定优惠政策，改善教师工作和生活条件，关心教师身心健康"。有研究证明，职业认同感与职前英语教师的学习动力、学习投入及学习成绩均呈正相关关系。职业认同能为教师知识的建构提供重要的动力源泉，一旦职前教师从内心认同了自己未来所从事的教师职业，他们就会按照教师的标准来规范自己的言行，对教师这份职业就更加向往和投入，也更利于他们对学科教学知识的学习和建构。针对这一问题，孙月娟提出，教育作为社会对教师职业素养的价值期待，不仅要提供内在品质保证的职业道德，还要提供外在行为的职业伦理；李帆提出，要将教师素养与学生素养对应一致；李政涛则将新时代教师素养概括为两个基本功，一是新时代教师要有立德树人的"大基本功"，二是要有研究学生、促进"五育融合"的"新基本功"，教师必须练就这些功夫，否则很难保证课堂教学和教育的高质量。因此，在外部环境方面，应提升对师范教育的经费和政策支持，提高教师地位和待遇，改善中小学教师职业岗位吸引力不足的问题。在师范院校内部，要营造良好的教师职业舆论环境，给职前教师更多人文关怀，加强教师职业道德、伦理等方面课程的建设，加强职业理想教育，增设师范德育、美育课程，推介优秀教师典型案例，塑造教师良好的教育者形象，扎实开展职业生涯指导等，以唤醒和强化职前教师的职业认同感，增强师范生从事教师职业的光荣感、责任感和使命感，引导他们树立崇高的职业理想和坚定的职业信念。

2. 提升职前英语教师专业化水平

所谓专业化是指在英语教师的整个职业生涯中，通过专门训练及终身学习，逐渐获得把所学的英语相关知识与技能通过教学实践传授给学生并从中不断提升自身的职业素质，最终成为英语教师的专业成长过程。既指英语教师个人通过高校师范英语专业的学习，逐渐从一名新手成长为具备英语教学相关的专业知识、技能和良好专业态度的成熟英语教师，并有可持续发展的专业成长过程，也指英语教师职业整体上从非专业职业状态、准专业职业状态向专业性质职业状态发展的复杂过程。高校应适时调整培养计划，修订教学大纲，完善教学计划，对职前、职中、职后的教师培训内容进行合理界定，并结合国家主导的"国培""省培"计划，有针对性地进行引导和支持。相应地，关于培训的内容、计划、方式等，中小学也应配合进行全方位宣传，形成制度加以推广，从而形成以国家政策为引领，以高校英语师范专业课程改革为抓手，以高校与基础教育相互结合、沟通为渠道，培养英语师范生扎实的专业基本功，提高其教学设计和课堂组织管理能力、现代教育技术应用能力及教学反思和科研能力的长效机制。

3.提升职前英语教师职业素养评价标准化

标准化是指为了在一定的范围内获得最佳秩序，针对实际的或潜在的问题制定共同的和重复使用的规则的活动。对于职前英语教师职业素养培育来说，就是要制定出完善的指标体系，在培养过程中针对教师、学生等不同对象进行相关指标赋值、诊断，并根据诊断结果进行评价，找出不足，从而有针对性地改善、提高。在制定标准时可以结合我国师范院校的实际情况，借鉴西方国家的先进经验，将语言知识、教育实习、职前教师对学生学习的影响力、职前教师口语水平等多维指标纳入评价体系。当然，同院校也可以实施职前教育阶段严格的教学基本功过关制度，包括英语专业技能、教育教学技能、科研能力、信息技术运用能力、人文素养和教学资源构建等。只有建立科学的人才考核评估体系，才能为培养一批理论基础扎实、专业技能精湛、团结协作、职业素养优良的英语教师队伍储备力量。[①]

（三）英语教师职前教育中的实践

就当前来说，英语教师职前教育的实践主要有教育研习、教育见习和教育实习三种形式。

1.教育研习

教育研习是教育专业学生在整个培养过程中对教学实践行动进行研究的一种重要学习活动。这种学习方式并非一蹴而就，而是需要师范生在较长时间内不断付出努力。从本质上看，教育研习是一种以实践为基础、以研究为主要特点的学习活动，即在实践中进行研究，在研究中进行实践。

在教育领域，教育研习具有很强的实践性和研究性，能够在很大程度上促进师范生的专业化发展。为了改善英语教师职前教育课程中理论教学占主导地位、实践课程相对不足的问题，有必要在课程中增设能够使理论与实践有机融合的教育研习。这将有助于完善英语教师职前教育课程，使之更加符合实际需求。

---

① 罗毅.职前英语教师专业发展研究教育研习视角[M].武汉：华中科技大学出版社，2016：6-27.

相较于教育见习和教育实习，教育研习有着独有的特征。首先，它具有研究性，即在对教育问题进行观察、收集、审视和筛选的基础上，形成研究课题，并在理论指导下提出解决问题方案并进行实践验证。其次，教育研习具有连续性，贯穿师范生整个受教育的过程，而非仅存在于某一特定教育阶段。

教育研习还表现出关联性，其开展直接影响师范生的综合素质，并在很大程度上决定师范生是否具备成为研究型英语教师的潜能。此外，教育研习具有统领性特征，要求在教育课程学习和实践中始终坚持以研习为主线，并以研究的视野来进行教育实践活动，以培养师范生的研究意识和解决问题的能力。

通过系统性的研究，教育研习有助于深入了解教育领域的多个层面，提升师范生的综合素质和专业水平。

2. 教育见习

教育见习作为高等师范院校专业培养方案的关键组成部分，扮演着理论与实践相结合的桥梁，为师范生提供了锤炼实践性知识的宝贵机会。在教育见习这一阶段，师范生能够在真实的教学环境中贴近实际，从而迎来职前教育实践中的深刻体验。

首先，教育见习为师范生提供了一个更为立体、贴近实际的学习机会。通过参与教学、观摩指导英语教师的实际操作、与学生的互动，师范生得以深入了解教育教学的规律和实际工作的方方面面。这不仅使他们在理论学科知识上有了更深刻的领悟，更能够将所学的理论知识与实际的教育教学场景相结合，逐渐形成系统而全面的专业知识体系。

其次，教育见习促使师范生不断提升教育教学能力。在实际教学过程中，师范生通过与指导英语教师、学生的紧密互动，不仅能够检验自己的学科专业知识和教学技能，也能够发现自身与合格英语教师之间的差距，进而主动寻求改进与提升。这种不断反思、调整和进步的过程，为他们的教育教学能力的成长提供了有力支撑。

最后，教育见习有助于师范生在职业道德和理想方面更为坚定。通过实际参与教学，师范生能够感受到英语教师职业中的责任与担当，领悟到师德的深厚内涵和英语教师的敬业精神。这种亲身体验有助于师范生更加深刻地认识自身所应承担的社会责任，巩固并坚定自己在教育事业中的理想。

因此，教育见习不仅仅是一门课程，更是一次深度的实践之旅。通过这一过程，师范生能够在真实的教育现场中汲取养分，为未来的教育教学事业打下坚实基础，塑造更为全面和富有深度的专业素养。这样的职前教育实践，无疑将为培养出更优秀的教育者和领导者贡献巨大力量。

教育见习是培养未来教育者的重要环节，其中教学工作和教研活动见习是不可或缺的内容。这两个方面涵盖了多个关键要素，对于师范生的专业发展具有深远的影响。

（1）教学工作见习

在教学工作见习中，备课是至关重要的一环。一堂课的质量往往与英语教师的备课情况密切相关。师范生应当重视任课英语教师的备课过程，深入了解备课的系统性和有效性。

教学设计是英语教师为实现教学目标而进行的系统规划和决策。师范生需要关注任课英语教师的教学设计，这涉及教学目标的设定、教学内容的选择以及教学方法的规划等多个方面。

现代课堂教学理念强调以学生为中心，关注学生个体差异，注重学生全面发展。师范生在见习中应观察和学习任课英语教师如何在课堂中贯彻这些理念，从而为将来的教学实践积累经验。

教学方法的选择和运用直接关系到课堂效果。师范生在见习中应学习任课英语教师如何根据不同情境综合运用各种教学方法，并培养自己的教学技能。

教学礼仪是构建和谐教学氛围的关键，涉及课前、教学对话和教学体态语等方面。师范生应当在见习中关注任课英语教师的教学礼仪，将其作为自己职业发展的一部分。

（2）教研活动见习

通过参与教研活动见习，师范生能够深入了解当下教育实践中英语教师对现代教育理论的理解程度。这有助于从新的视角审视教育实践背后的理论，并促使师范生对教育理念有更深层次的认识。

教研活动是英语教师专业发展的重要组成部分，通过见习，师范生能够了解和掌握教研的基本流程和方法，为将来的专业发展奠定基础。

3.教育实习

教育实习，作为师范教育中的不可或缺的一环，承载着培养合格师资、贯彻理论联系实际原则、实现人才培养目标的重要使命。在整个英语教师职前教育实践的过程中，教育实习显得尤为重要，为师范生提供了深刻的职业体验，锻炼了他们在真实教学场景中所需的各项能力，同时也在很大程度上促使师范生在教育事业中坚定前行。

首先，教育实习为师范生提供了坚守英语教师职业理想的机会。教育理想是师范生入学时怀揣的信念，而在教育实习的过程中，师范生能够亲身感受到英语教师职业的魅力和责任，明确自身肩负的使命。这种亲身体验不仅帮助他们更加深刻地理解英语教师职业，还能够激发他们对教育事业的热情，巩固并坚定自己的教育理想。

其次，教育实习是培养师范生教育研究能力的重要途径。一位合格的英语教师不仅需要扎实的教育教学工作能力，还应具备独立进行教育教学研究的能力。在实际教学过程中，师范生有机会开展教育调查和研究，撰写调查报告和教研论文，从而提高自己的教育研究水平。这种实践性的研究能力培养有助于他们更好地理解并应用教育理论，为未来的教学实践提供坚实的理论支持。

教育实习对于培养师范生的教育素养和专业技能具有重要意义。这种实践性学习方式致力于丰富师范生的教育教学经验，加深其对教学本质的理解，并为他们未来的专业发展打下坚实的基础。为达成这一目标，教育实习制定了一系列任务和实践内容。

教学工作实习是教育实习的核心内容之一。备课实习是重要的起点，要求师范生在指导老师的协助下深入研究课程标准和教材，全面了解学生特点，编制科学合理的教案或教学设计，并通过试讲确保教学准备和课堂质量。上课实习是教学实习的关键环节。师范生需充分准备教学用具，积极参与多样化的上课实践，既在老师指导下上课，也要勇于独立授课。应当尝试不同的课型，合理组织教学活动，综合运用各种教学技能提升自身教学水平。

综上所述，教育实习为师范生提供了丰富的实践机会，旨在培养其全面发展的教育能力。通过参与各项实习任务，师范生能够逐步积累经验，提升自身素养，为未来成为优秀教育工作者奠定坚实基础。

（四）英语教师职前教育的意义

英语教师职前教育一般通过正规的师范院校或具备师资培训条件的院校进行，对于"准英语教师"的成长有着十分重要的意义。具体来说，英语教师职前教育的意义主要体现在以下几个方面。

1. 能够帮助"准英语教师"形成较为完善的知识结构

英语教师作为教育体系中的关键力量，其知识结构的构建涉及专业知识、公共知识和实践知识的多重层面。其中，实践知识作为一种在特定情境中产生的、个人化的、体验性的知识，对于英语教师而言具有特殊的重要性。这种知识形成于教学实践中，是英语教师根据具体的教学情境，运用已有知识解决问题的能力和洞察力。

英语教师的实践知识赋予其在教育教学过程中更为灵活、细致的洞察力。面对复杂多变的教学环境和学生需求，英语教师所具备的实践知识使其能够从多个视角全面把握问题，并在思考多种可能性的基础上，迅速做出较为明智的决策。这种实践知识的运用使英语教师能够更好地适应教学现场的需求，更有效地与学生互动，提升教学质量。

在教育体系中，准英语教师的培养至关重要，而实践知识的积累则是其在成为合格教育者的过程中的一项关键任务。准英语教师在校期间，需要不断努力获得并不断增长自己的实践知识。这可以通过参与教育研习、教育见习、教育实习等多样化的英语教师职前教育实践活动来实现。通过这些活动，准英语教师得以身临其境地接触真实的教学情境，从而在实践中不断磨练自己的实践能力。

英语教师职前教育实践活动的多样性有助于"准英语教师"从不同维度获取实践知识，使其能够在日后的教学中更加从容自如。这种实践知识的获取并不仅仅是理论层面的学习，更是通过亲身经历解决问题、调整教学策略的过程。在实际教育场景中积累的实践知识，是准英语教师日后成为优秀教育者的重要基石。

2. 能够提高"准英语教师"的教育教学能力

英语教师的教育教学能力是构建高效教育体系的核心要素，它涵盖了多方面的技能和素养。从全面了解和正确评价学生的能力到寓德育于教学之中的能力，从正确分析和运用教材的技能到进行课堂教学设计的能力，再到组织教学活动、展现英语教师身教、处理学生问题等方面的技巧，这些都构成了英语教师教育教学能力的多维度体系。

教育教学能力并非一成不变，而是随着英语教师从教时间的增长而发生质的动态变化。在教学实践中，英语教师通过不断的积累和反思，逐渐形成了独特的、个性化的教育教学风格。这一过程中，英语教师的教育教学能力得以深化和拓展，使其更好地适应不同的教育场景和学生需求。

教育教学能力的提升是英语教师管理的永恒主题。在不断变化的社会和教育背景下，教育教学需求也在发生着巨大的变化。因此，英语教师需要通过不断学习、研究和实践，不断更新自己的知识体系，提高自己的综合素养。只有不断提高教育教学能力，才能更好地引导学生，推动教育事业的发展。

教育教学实践是英语教师教育教学能力的真正检验场所。在教育教学实践中，英语教师需要将师德、文化知识、学科理论、教育理论、教育技能等方面的知识综合运用，使之真正体现在实际教学中。这样的实践不仅是对英语教师个体能力的锻炼，也是对整个教育体系效能的检验。

教育教学实践不仅是知识和理论的运用，更是情感与沟通的艺术。英语教师需要在实际教学中建立与学生之间的信任关系，激发学生的学习兴趣，引导他们正确的学习态度和价值观。这就需要英语教师具备较高的情感沟通和人际交往能力，以更好地服务于学生的全面发展。

3. 能够帮助"准英语教师"更快地适应英语教师岗位

教育教学的复杂性和枯燥性是每位"准英语教师"在职前期都会面临的现实挑战。尽管在培训阶段已经初步接触了教育教学的理论知识，但对于教学复杂性的深刻认识却往往是有限的。很多"准英语教师"可能持有一种理想主义的看法，将教育教学视为一项充满乐趣的工作，然而，当他们正式踏入英语教师岗位时，很容易被现实的复杂多变所冲击。

在职前，教育体系的理论知识、学科内容、教学技能等方面的准备是重要的，但当"准英语教师"真正置身于教育现场时，他们会发现自己需要更多的是面对实际问题的能力，所拥有的理论知识和有限的教育教学技能，很难在复杂的教育情境中得到有效应用。因此，新英语教师往往会感到无所适从，面对来自多方面的挑战时产生压力、焦虑等消极情绪。

这种适应期并非不可逾越。随着教育教学经验的积累，大多数新英语教师逐渐适应了英语教师岗位的种种要求。他们不仅能够逐渐忽视或打破一些初始的理论偏见，更能够根据具体情况灵活运用自己的教育教学技能。这种逐步形成的自信，不仅体现在教育教学行为的灵活自如上，还表现在对教育理念、师德、学科知识等方面的全面发展。

为了缩短"准英语教师"的入职适应期，教育系统需要进行更为深入的英语教师职前教育实践活动，包括在培训阶段增加实际教学经验的机会，让"准英语教师"更深入地了解教育现场的复杂性。同时，提供实际案例分析、模拟教学等实践活动，帮助"准英语教师"更好地应对教学中的挑战。这样的职前实践将有助于"准英语教师"更全面、更深入地理解和应对真实教育环境中的各种情境，为他们在英语教师岗位上的成功提供更为坚实的基础。[1]

二、高校英语教师职后教育

（一）高校英语教师职后教育的模式

职后英语教师专业化发展得到了不同程度的重视与发展，课程研究与实践也在不断丰富，但是由于经济社会发展的不平衡，职后教育也呈现出了不同的特征。下面对高校英语教师职后教育的基本模式展开分析与研究。

1. 以培训机构为中心的课程模式

在高校本位模式下，证书培训课程是一种备受关注的形式，涵盖了学位课程模式、文凭课程模式、资格证书课程模式以及专项证书课程模式等。这

---

① 李正栓，郝惠珍.中国语境下英语教师教育与发展研究[M].保定：河北大学出版社，2009：90-114.

些课程以其系统性和结构化程度而受到青睐，为英语教师提供了深入学习和专业发展的机会。学位课程模式强调学术研究和理论体系，文凭课程模式注重实践技能的培养，而资格证书课程模式和专项证书课程模式则更为注重特定领域的专业认证。

除了证书培训课程，非证书培训课程也在教育培训的大舞台上逐渐崭露头角。在职后培训阶段，英语教师的非学历教育需求日益凸显。随着英语教师专业发展的深入，职后教育的目标应摆脱过于功利性的取向，转向更注重提高英语教师专业化发展水平的非证书课程模式。这种转型旨在更全面地满足英语教师个体的成长需求，强调实际工作中的问题解决和专业素养的培养。

非证书培训课程的优势在于更加灵活，能够更好地满足个体差异化的需求。这些课程可能包括工作坊、研讨会、导师制度等形式，注重英语教师在实践中的经验积累和反思。与传统的证书培训课程相比，非证书培训更注重实际应用，强调在教学实践中的创新和适应能力。

2. 以学校为中心的课程模式

以学校为中心的课程模式，在当今教育领域备受瞩目。相较于以培训机构为核心的英语教师培训，这种模式强调在英语教师在职的学校内进行专业发展和课程培训。这一趋势在全球范围内愈发显著，不论是发达国家、发展中国家还是国际组织，都纷纷重视以学校为中心的培训方式。美国的"专业发展学校"模式和英国的"校本培训"模式已经成为国际上英语教师培训课程改革的引领者。

一种重要的以学校为中心的培训方式是英语教师专业发展学校（Professional Development School，PDS）。这种学校通常由工作组或行动小组负责开展，成员包括中小学英语教师、大学英语教师以及教育专业的研究生和师范生。这些学习组织可能是短期的，用于解决紧急问题，也可能是长期存在，致力于深入研究复杂而需要时间解决的问题。在PDS中，中小学英语教师和大学英语教师共同参与一个学习共同体，彼此交流、合作、共同研究。

另一种以学校为中心的培训模式是校本培训。这一模式在近20年的实践中逐渐成为国际范围内的主流趋势。校本培训的初衷在于强调英语教师专业实践的实际性，加强教育理论与教育实践之间的紧密联系。校本培训的核心在于突出英语教师的实践经验、学校的实际情况以及问题的解决。这种模式注重培养英语教师的实际操作能力，强调实践智慧在教学中的应用。因此，校本培训课程更加关注英语教师的实际经验，力求通过解决实际问题来促进英语教师专业的成长。

（二）高校英语教师职后教育的策略选择

职后英语教师专业化发展需要选择不同的策略，从而提升效果。下面主要介绍职后英语教师专业化发展的制度化策略、合作化策略以及多样化策略。

1.制度化策略

职后英语教师专业化发展相较于职前教育，历史发展并不如前者那样悠久。然而，为了确保英语教师在职业生涯中能够持续提升专业水平，许多国家通过建立教育、理念、培训制度等方式积极推动英语教师的专业发展。以下是一些国际上的做法和制度。

（1）联合国教科文组织的承认与支持

在1980年的巴黎联合国教科文组织会议上，正式承认英语教师有权享受在职培训，并且建立了工资照发的教学休假制度。这一举措旨在为英语教师提供在职培训的机会，让他们能够更新知识、拓宽视野，为更好地服务学生和社会做好充分准备。

（2）英国的带薪学习制度

英国在1972年颁布规定，英语教师每工作七年就要带薪学习三个月的进修课程。这为英语教师提供了有偿学习的机会，使其能够在专业领域深造，跟上教育领域的最新发展。随着时间的推移，这一政策逐步演变，到了1987年，《英语教师工资待遇法》中规定英语教师每年必须进行一定的教学时间，其中包括五天的专业发展日。

（3）美国的师资培训日制度

美国各州都建立了一定的英语教师职后培训制度，其中包括师资培训日制度。这一机制通过设立特定的培训日，使英语教师能够参与专业发展活动，不仅促进了个体英语教师的成长，也有助于整体教育水平的提升。

（4）法国的带薪进修假期

法国政府于1971年首次颁布法令，规定了职后有带薪进修假期。这项政策为英语教师提供了有偿学习的机会，强调了在职培训的重要性。这不仅使英语教师能够更新知识，还激励了他们对教育事业的持续投入。

（5）日本的强制性培训制度

日本的英语教师职后培训课程制度带有强制性，将职后培训课程的学习当成英语教师的一项义务。这一制度强调了英语教师在整个职业生涯中不断学习的重要性，使其保持专业素养的同时适应教育领域的变革。

通过以上国际经验和制度建设，可以看出各国对于职后英语教师专业化发展的关注和重视。这些制度的建立不仅有助于提升英语教师的专业水平，也为构建更加完善的教育体系奠定了基础。在未来，更多国家或许可以从这些成功经验中汲取灵感，进一步加强职后英语教师的专业发展，以推动整个教育体系的不断进步和创新。

英语教师继续教育在现代社会中具有重要的意义，它是教育体系中的一项关键活动，旨在不断提升英语教师的专业素养、更新知识、促进个人成长，从而推动教育质量的不断提高。随着社会的不断发展和教育理念的更新，如何有效地组织和实施英语教师继续教育，成为当前我国教育改革亟待解决的问题。

首先，要树立"英语教师发展是学校可持续发展的核心竞争力"的理念。教育机构应以提升英语教师整体素质为核心目标，将骨干英语教师培养作为关键任务，以促进英语教师专业发展为主线。此举需要加大对学科带头人和骨干英语教师的培训力度，确保他们能够紧跟时代步伐，具备先进的文化素养。

其次，中央、省、市、县区政府要高度重视在职教育的继续教育工作。建立"英语教师继续教育工作领导小组"，制订科学合理的规划和方案，并加大财政投入力度，以建立长效机制来支持在职英语教师的培训需求。政府教育行政部门在此过程中扮演着重要的协调和监督角色，确保资源的合理分配和培训计划的顺利执行。

再次，明确受训英语教师所在学校校长是英语教师继续教育的"第一责任人"。将学校继续教育管理纳入校长政绩考核和学校办学水平评价体系，强调责任到人、目标到人、奖惩到人的原则，确保各项工作得以切实贯彻。

在培训机制方面，要根据不同层次和类型的英语教师实行定期分层培训制度。考虑英语教师的学历、专业技术职务、年龄、教龄等因素，分别选派不同层次的英语教师到不同的培训机构，确保培训具有较强的针对性和实效性。同时，根据英语教师的发展阶段和需求，进行分层分类的培训，使之更符合个体的成长轨迹。

科学设置培训课程，合理安排主讲英语教师，是提高培训质量的关键。培训课程应紧密结合英语教师的实际需求和教育发展的前沿，确保受训英语教师学有所获。此外，学校要负责具体的参训英语教师人选的选择，确保培训机会公平公正，使每位英语教师都有机会接受培训。

2. 合作化策略

在传统的英语教师培训体系中，课程的编制往往由政府、专家和培训机构主导，将英语教师作为学习的主体，然而，这种模式往往使英语教师在培训课程中失去了主动权。课程专家和高校英语教师围绕着教育目标、经验、组织和评价等方面展开讨论，英语教师职后培训课程逐渐摆脱了被专家、学者、高校英语教师束缚的局面，呈现出一种更加开放和合作的特征。培训的合作化不仅在专家、培训者和英语教师之间得以体现，还在培训机构与中小学之间以及英语教师学习共同体内部展现出来。

这种合作化模式的核心在于共同探讨和建构教育理念、经验和实践。专家、培训者和英语教师之间的紧密合作有助于打破教育领域的垂直结构，让培训更贴近实际需求，更加注重实践经验的分享和交流。同时，培训机构与中小学的合作使得培训更贴近实际教学环境，更具针对性和可操作性。

英语教师学习共同体的形成进一步强调了培训的合作性。在这个共同体中，英语教师能够分享彼此的经验、教学策略和解决问题的方法，形成一种集体学习的力量。这种合作化不仅促进了英语教师之间的互动和学习，也使培训更加贴近基层实际，更有利于推动教育改革的深入实施。

3. 多样化策略

（1）实施形式的多样性

在终身教育的时代，教育体系不断演进，英语教师职后培训作为提升教育质量和适应社会变革的关键环节，呈现出丰富的研究和实践状况。回溯至1985年，《国际教育百科全书》对英语教师培训进行了深入总结，提出了四种培训类型：弥补缺陷模式、变革模式、问题解决模式和成长模式。

首先，弥补缺陷模式是为了解决英语教师存在的个体缺陷而设计的培训方式。这主要表现为英语教师在自身专业训练有限的情况下，无法跟上本专业的新发展或对教育发展的新动向缺乏了解。这种培训旨在填补知识和技能的空白，使英语教师更好地适应专业的发展。

其次，变革模式强调英语教师培训应该与社会和社区的发展相协调。这种理念认为培训课程应随着社会的发展变化而灵活调整，使英语教师能够更好地适应社会的发展变革。变革模式的培训着眼于培养具备应对社会挑战的教育者，使其在变革中保持敏感性和适应性。

再次，问题解决模式将职后英语教师专业化发展与实际教育问题相联系。这意味着培训不仅仅关注理论知识的传递，更注重英语教师在实际工作中遇到的问题，通过培训解决这些具体问题，提高教学质量和问题应对能力。

最后，成长模式强调英语教师培训应与英语教师的专业发展相结合。这一模式视英语教师培训为英语教师自我学习的一部分，将其与社会发展相联系。英语教师的成长和专业发展被看作培训的终极目标，强调培训是一个持续的过程，而不仅仅是填鸭式的知识灌输。

（2）实施内容多样化

在现代社会，教育一直是国家繁荣和社会进步的关键因素之一，而为了不断提升教育质量，英语教师职后培训成为推动教育发展的不可或缺的环节。英语教师职后培训课程的内容选择受到多方面因素的影响和制约，其中最显著的是课程的价值取向。

根据西方培训理论，英语教师培训的价值取向主要包括个人本位、知识本位、能力本位和社会本位四类。这四种价值取向分别反映在不同形式的课程设计上，包括学科本位型课程、英语教师本位型课程和社会本位型课程。传统的英语教师职后培训课程在选择价值目标方面，往往存在唯学历教育和专业教育的局限性，导致内容偏重于学科知识、教育专业知识以及政治伦理教育等方面。这一趋势使得培训更侧重于给予英语教师学历或学位的补偿，而缺乏对个体发展和社会需求的全面考量。

当前世界英语教师培训逐渐摆脱传统束缚，更加注重英语教师自身发展和个体需求。培训内容开始呈现出更为合理、适切、灵活多样的特征。在内容的确立上，政治和社会色彩逐渐淡化，在关注社会需要的同时，关注英语教师个体的发展。这表现为培训课程的多样性，包括短期课程、校本培训等，这些课程更加个性化，注重实践和技术课程，更符合英语教师的实际需求。

在中国，面对新课程的推行，英语教师职后培训也面临新的挑战。培训要求对中小学英语教师进行新课程的全员培训，分为通识课程培训和学科课程培训两部分。通识课程培训强调一般理念，而学科课程培训则专注于课程、教材、教法等方面。这种培训模式旨在帮助英语教师更好地适应新课程的要求，提升他们的专业水平和教育质量。

我国教育体系一直以来都高度重视英语教师职后培训，然而，长期以来，英语教师参与的职后教育活动往往呈现出统一制定、形式单一的特点。这一方式在一定程度上无法满足不同层次、不同需求的英语教师的培训需求。因此，针对英语教师多样化的培训诉求，有必要进行改革，使职后教育活动更加贴近英语教师的实际需求，提供更为多元化的培训内容和形式。

首先，教育部门和培训机构可以根据具体培训对象的需求，制定差异化的培训项目和定制课程。不同类型的英语教师，如农村英语教师和城市英语教师，面临的教学环境和问题可能存在差异，因此培训内容应该有针对性地满足他们的实际需求。定制化的课程设计能够更好地满足英语教师的专业发展需求，为其提供更为实用和有效的知识和技能。

其次，教学内容、教学方法和组织形式应该以工作需要为导向。培训活动应该贴近学校教学改革和发展的实际需求，为英语教师提供在实际工作中能够应用的知识和技能。培训内容要紧密结合教学实践，注重学以致用，使英语教师在培训后能够更好地应对工作中的挑战和问题。

在培训的时间安排上，也需要考虑到英语教师的实际情况。例如，许多农村中小学英语教师在暑期有夏季农忙的任务，因此培训活动可以更多地安排在寒假期间，以便更好地满足他们的时间安排和实际需求。

4.完善职后教育管理机制，建立英语教师职后教育质量确保体系

英语教师职后教育是提高教育整体质量的重要组成部分。认识到政府在推动这一举措中的关键作用，教育部门必须从专业发展和更广泛的教育前景的角度认识到英语教师职后教育的重要性。

有效的职后教育的基石在于政府行动。教育行政机构应认识到职后教育是英语教师专业成长和整体教学实践进步的关键因素，从而提高对职后教育重要性的理解。必须优先制定职后教育准则，建立一个明确责任和义务的框架对整个努力的成功至关重要。

为了确保职后教育的持续有效性，必须改革管理英语教师发展这一方面的运作机制，涉及管理体系的不断完善和改进。明确政府在职后教育方面的责任是至关重要的，包括法律、政策、经济和激励方面。此外，应建立一个法律框架来规范英语教师的职业发展，强调英语教师必须履行的义务是其职业责任的一部分。

同时，建立英语教师教育质量保证体系也至关重要，包括实施英语教师资格认证考试和制定认证标准。参与英语教师培养和培训的人员应根据既定标准进行资格认证，为专业发展订立基准。制定专业发展和培训的标准化准则，并加强证书颁发的质量监测和保证，这一点至关重要。

应将职后教育和在职培训理解为更新英语教师资格的持续过程的组成部分，而不仅仅是学术进步的途径。这种观点的转变强调了教学的动态性，以及教育工作者适应不断发展的教学实践、教育技术和社会变革的必要性。

（三）高校英语教师职后教育的意义

1.英语教师的专业化发展需要开展职后教育

教育教学工作是一项兼理论性、知识性、实践性和经验性于一体的工作，这就决定教育教学能力提高是一个相当长的需要不断学习、不断接受教育的过程，这也要求英语教师注重专业化发展，不断学习，否则在教育过程中可能出现教学素养跟不上时代发展的步伐的情况。因此，英语教师应坚持不断学习、不断接受教育。职后教育是英语教师进入英语教师岗位一段时间后对其进行的继续教育，它并不是对少数不合格英语教师才有价值和意义，

是一种达标、合格教育，而是对每个英语教师来说都具有重要的意义，它是英语教师专业化发展的需要。

2. 社会发展需要开展职后教育

随着科技的飞速发展，特别是在20世纪90年代以后，人类社会迎来了前所未有的知识爆炸。这个时代充满了变革和机遇，但与此同时，也伴随着对教育体系和英语教师职业的深刻挑战。传统的职前教育已不再足以满足人们在这个信息爆炸的时代里所需的知识和技能，因此终身学习成为社会的共识。这一变革不仅对个人的生存和发展提出了巨大挑战，而且对教育体系和教育者的要求也愈发严峻。

一方面，网络信息技术的迅猛发展改变了信息传递的方式。人们不再依赖传统的单向信息传递，而是选择通过互联网实现多对多的信息传递。这种模式使信息广泛传播，也拓宽了个体对知识的获取渠道。学生不再仅仅依赖于教室内的知识传授，而是可以通过网络获取丰富多样的信息，这对传统的教学方式提出了挑战。英语教师需要适应这一趋势，积极进取，进行职后教育，以确保他们具备足够的知识储备，能够满足学生在信息时代的需求，更好地发挥教育引导的作用。

另一方面，网络时代的发展也使英语教师的角色发生了深刻变化。现代社会的复杂性和学生面临的问题变得前所未有的复杂。学校仍然是一个提供相对单纯学习环境的地方，但手机网络、社会化程度的提高以及人们观念的转变等因素，都对学生的生活产生着重要影响。

英语教师需要不断接受职后教育，更新自己的知识结构，提高对学生、对社会发展的认知水平。只有这样，他们才能更好地胜任教育工作，更好地适应社会对英语教师职业的不断演变的要求。终身学习不仅是一种追求个人进步的理念，更是适应时代潮流的必然选择。在这个充满变革的时代，教育者需要敢于面对挑战，主动适应变化，以更好地引领学生走向未来。

3. 英语教师教育改革需要开展职后教育

在全球范围内，英语教师素质被普遍认为是教育改革和发展的关键。各国政府和教育机构正逐渐认识到，英语教师的专业能力和终身学习态度对提高教育质量有着不可替代的重要性。

近年来，随着社会和经济的发展，我国政府越来越重视教育改革的实施，特别是对英语教师素质的提高给予了高度关注。在我国，英语教师不仅被视为教育改革的实施者，更是改革成功与否的关键因素。因此，我国在英语教师教育改革中不断提高英语教师的综合素养，更新教育理念，并强调英语教师的继续教育的重要性。

在实践中，我国的英语教师职后教育重点关注英语教师的个性化发展需求。这意味着教育内容不仅要覆盖基础的教学技能和知识，还要包括新兴技术的应用、创新教学方法以及跨文化交流等领域。同时，英语教师的职业发展路径也被重视，鼓励英语教师根据自身兴趣和职业目标进行选择性学习。

第二节　高校英语教师职前职后教育的现状及影响因素

一、高校英语教师职前职后教育的现状

（一）高校英语教师职前教育的现状

1. 学科专业知识掌握不够扎实，缺少教学实践

近年来，我国职前英语教师在专业知识体系的构建和职业素养的提升方面临一系列挑战，主要原因之一是职前英语教师所接受的课程教育更倾向于教学理论知识，而课程内容和教学形式的单一性缺乏实践性，限制了英语教师的专业知识构建和职业素质培养。

目前我国英语师范专业的课程设置存在一定问题，其中语言学课程过于理论性，缺乏教学针对性和实践性。专业基础课程以《应用语言学》《语言

研究方法论》等理论性强的专著为主，而分支学科如词汇学、语音学等则作为选修课。这样的设置使职前教师在语言普遍规律和文化知识方面存在一定的缺失，难以清晰把握语言教学的实际需求。

职前英语教师在教学实践方面普遍欠缺，难以将专业理论知识有机地融入真实的教学实践环节，这导致专业理论知识与实际环境中的学生、教材、教学方法及课程目标相脱节。缺乏实践性教学也影响了英语教师对语言普遍规律的理解和对教学目标的实现。

调查显示，乡村中学的英语教育面临更大的挑战，有些甚至由非英语专业人士教授英语课程。这意味着教师的英语专业及学科知识不够全面、系统，英语语言能力存在不足。这对于提升学生的语言水平和文化素养构成了明显的障碍。

2.对职前英语教师职业素养的评价标准不统一

英语教育一直以来是教育体系中的关键领域，而英语师范专业的毕业生素质评价一直面临着标准不一、缺乏系统性的难题。目前，多数用人单位主要通过学科成绩和口语等级考试成绩来衡量英语师范专业毕业生的专业水平，然而，这种评价方式存在一定局限性，仅仅反映了基本语言或口语能力，未能全面评价其专业素养。

在英语师范专业领域，缺乏一个统一的、科学合理的评价标准，使得用人单位难以准确衡量应聘者的专业实力。学科成绩和口语等级考试成绩虽然是重要的参考，但如果仅仅局限于此，难以满足现代英语教育的全面需求。

当前形势下，亟须制定英语师范专业的评价标准，以全面了解毕业生的专业水平。这样的标准不仅应包括学科成绩和口语能力，还应涵盖专业发展能力、学科教学能力等方面，以构建一个更加完善的评价体系。

3.考评机制不够完善，学生终身学习意识淡薄

当前，随着社会对综合素质人才的需求不断升级，大学英语专业培养模式的完善变得尤为关键。然而，一些师范院校在学生能力评估方面存在问题，缺乏对形成性评价的充分重视，导致学生终身学习意识淡薄。

依托科研项目的调查显示，目前师范院校对学生能力的评估主要采取终结性评估形式，即便进行形成性评价，也以出勤率、作业完成情况、课堂表现和期末考试成绩为主，而对学生学习过程、学习体验等方面缺乏系统性、

过程性的观察和评估。评价体系过于单一，无法全面了解学生的学习状态。

调查结果显示，学生在大学期间的学习自主性和终身学习意识相对淡薄。这与新时代对大学生能力的更高要求以及高校对英语专业学生能力的培养目标存在较大差距。传统的评价机制难以激发学生自主学习的积极性，从而影响了其对终身学习的深刻理解和积极投入。

（二）高校英语教师职后教育的现状

1.培训内容与形式

当前，英语教师培训的内容主要包括教育理论、教学方法、科技应用等几个方面。培训形式多样，包括线上课程、研讨会、实践操作等，旨在提升教师的教学水平和专业素养。然而，现实中存在一些问题，如培训内容与实际教学需求脱节，形式单一，不能满足教师的个性化需求。

2.培训效果评估

尽管许多教育机构已经开始重视英语教师的培训的效果评估，但在实践中，评估往往流于形式，缺乏有效的反馈机制，不能真实反映英语教师的培训效果。此外，由于培训与英语教师职业发展关联不够紧密，导致英语教师参与培训的积极性不高。

二、高校英语教师职前职后教育的影响因素

高校英语教师的职前职后教育是提升教育质量、适应时代变革的重要环节。这一过程受到多方面因素的影响，包括政策、技术、文化等多个方面。下面将深入探讨这些因素对高校英语教师职前职后教育的影响。

（一）政策导向

政策是高校英语教师职前职后教育的重要影响因素之一。教育部门的

政策方向直接影响到高校对英语教师培养和提升的规划和资源分配。政策导向不仅关乎培养目标和课程设置，还包括对英语教师培训和终身学习的支持政策。

（二）技术发展

随着技术的飞速发展，高校英语教师职前职后教育也在不断地受到技术因素的影响。教育技术的应用，如在线学习平台、虚拟实验室等，为英语教师提供了更多灵活的学习方式。技术的进步同时也要求英语教师具备更新的教学技能，以适应数字化时代的教育需求。

（三）文化和社会环境

文化和社会环境对高校英语教师职前职后教育同样产生深远的影响。不同文化背景下的教育理念和价值观差异，会影响到英语教师培训的内容和方法。社会对于英语教学的需求和期望也在不断变化，这将直接影响到英语教师在职后教育中的专业发展方向。

（四）学校资源和支持

高校资源和支持程度是决定教育质量的重要因素。学校提供的培训资源、师资力量、教学设施等，直接关系到英语教师在职前和职后能否得到有效的培训和支持。充足的资源和积极的学校支持，有助于创造良好的学习环境，促使英语教师更好地成长和发展。

（五）英语教师素质与态度

英语教师的学习意愿、自主学习的动力以及对于职前职后培训的态度，都会影响到教育效果。积极主动的英语教师更容易吸收新知识，不断提升自己的专业水平。

高校英语教师职前职后教育的影响因素涵盖了政策、技术、文化、学校资源以及英语教师素质等多个层面。只有综合考虑这些因素，才能够更好地制定和实施有效的培训计划，推动英语教师专业水平的提升，为培养更优秀的英语人才做出贡献。

第三节　高校英语教师职前职后教育一体化的构建模式

一、英语教师教育职前与职后一体化课程体系设置的基本理念与意义

当涉及英语教师的职前和职后教育，整合性是一个至关重要的理念。一体化课程设置的目标在于充分利用高等师范院校与继续教育学院的资源优势，让教育系统中的不同阶段相互补充，形成有机整合，以更好地培养和培训优秀的英语教师。

首要的理念之一是客观性。这意味着课程规划必须紧密契合社会发展的现实需求。无论是从宏观层面考虑国家的实际需要，还是从微观视角关注地区和学校的需求，都需要以严谨的调查研究作为课程设置的基础，确保教育体系与社会需求保持一致。

其次是连续性。这项理念要求教师教育课程能够贯穿教师整个专业生涯的发展。不应将职前、入职和在职教育课程割裂开来，而是应该考虑到教师专业发展的全面性，确保教师能够在一生中接受连贯一致的教育。

平衡性也是关键。在一体化课程体系中，每门课程都不是独立存在的，而是相互联系、相互影响的。课程应该在多维、多层次的联系中运作，互为基础、延伸、扩展、融合、激活，而不是孤立存在。因此，必须考虑各种课

程在课程体系中的位置、作用、性质及范围，确保内容之间的相互关联和配合度。

最后是发展性。这意味着教师教育一体化课程设置要着眼于教师的成长。无论是处于高等师范院校中的预备教师，还是已经在职的中小学英语教师，都需要一个不断自我发展、充实提高的过程。为此，需要根据教师成长规律，分层次、分阶段设定具有针对性的一体化课程，以促进英语教师的专业成长。

这些基本理念共同构成了英语教师教育一体化课程体系的框架。通过综合考虑社会需求、教师发展和课程间的内在联系，我们可以更好地设计出适应现代教育要求、促进英语教师专业成长的一体化课程体系。

构建英语教师教育职前职后一体化课程体系的意义深远而全面。这一目标任务的提出是为了使教育更好地适应社会的发展需求。随着社会的不断变化，教育体系需要与时俱进，以确保教师具备应对不断变化的教育环境的能力。

教育体系的创建以教师的终身教育理念为指导，强调教师教育的专业性。这有助于确保教师在整个职业生涯中都能够不断提升自己的专业水平。一体化课程体系的设置使教师在不同阶段的教育过程中能够相互衔接，形成一个有机的整体，使教育更具侧重点和内在联系。

英语教师教育职前职后一体化课程体系是国内教育体制创新的一部分。在国内，虽然早前成立了专门的教师教育职前职后培训机构，但由于职前培训与职后培训各自为政，整体效果有限。一体化课程体系的实施填补了这一空白，为英语教师提供更加系统和有机的培训，以适应现代教育的要求。

构建英语教师教育职前职后一体化课程体系是促进我国教育事业蓬勃发展的先决条件。教育是国家的基石，而教师是教育事业的中坚力量。通过建立一体化课程体系，可以更好地培养高素质的英语教师，从而提升整个教育系统的质量。

在实践模式方面，英语教师教育职前职后一体化课程体系对教育教学有着重要的意义。首先，它从根本上解决了强调学科内容到强调学习者经验和体验的问题，使学习者能够在现实学习体验的基础上整合所学知识，实现自主学习。其次，该体系强调学习过程中的意义，促进学习者在英语学习中的思维逻辑能力的开发。此外，一体化课程体系将教育教学从传统的显性模式转变为显性与隐性模式相结合的体系，创造了更自由、宽松的教学环境，有助于发掘学习者的潜能。

二、英语教师教育职前与职后一体化课程体系设置的内容

（一）英语教师培养与培训一体化方案

英语教师的培养与培训是一个复杂而系统的过程，为了有效地满足不同阶段教师的需求，实现一体化的课程发展尤为关键。这一体化的方案主要分为职前、上岗和在职三个阶段，每个阶段都有其独特性和特殊任务，为整体目标的实现提供了坚实基础。

职前教育是英语教师培养与培训的起点，其任务在于帮助未来英语教师建立坚实的知识基础。这一阶段侧重于学习基础学科、英语专业学科以及教育学科知识，同时着眼于培养教学技能和进行初步的实践。重点是形成英语教师的品质，为未来的英语教育生涯奠定坚实的基础。

上岗培训是将职前学到的专业知识运用于实践的关键阶段。在这个过程中，英语教师需要将理论知识与实际工作相结合，以更好地适应英语教育教学工作。这一阶段的目标是培养英语教师具备在实际教育环境中应对挑战的能力，提高他们的教学水平。

在职教育是英语教师成长过程中的持续阶段。通过对英语教学实践的认识，英语教师能够对工作的成功与不足进行反思性的总结和研究。在职教育的关键在于不断接受新的英语教育教学信息，使已有的经验得到升华。英语教师通过这个过程，逐渐明确自己的研究方向，不断努力成为优秀英语教师。

一名英语教师的成长是一个渐进的过程，因此培养与培训必须注重分阶段、分层次进行。在一体化课程设置上，需要注意不同阶段的针对性，确保课程内容符合各个阶段的特点和需求。同时，考虑到不同水平的英语教师，可以分层实施并形成体系，以更好地满足不同英语教师的发展需求。

实现英语教师培养与培训的一体化，需要在不同阶段设定明确的目标，使各个阶段的培训相互衔接、互相补充，不断深化、提高。只有通过有序的培养与培训，英语教师才能在不同阶段不断提升自身素质，更好地履行英语教育的使命，推动整个教育体系的发展。

（二）英语教师培养与培训课程一体化内容

1.准英语教师的职前培养应侧重理论课程，力求理论课程的实践化

英语教师的成长是一个渐进的过程，分阶段、分层次的培训是确保英语教师专业发展的关键。在整个教育生涯中，基础理论课程的学习都显得十分重要，因为深厚的理论基础是英语教师在未来学习和研究中深入发展的基石。

在英语师范生的职前培养中，重点应放在理论课程的学习上，力求将理论知识与实践相结合。在一、二年级，英语师范生需要加强通识课程，涵盖中国近代史纲要、马克思主义基本原理、毛泽东思想、邓小平理论、思想道德修养、法律基础等，以建立广泛的知识基础。同时，英语学科基础课程和专业课程也是不可或缺的一部分，包括基础英语、语音、听说、写作、语法、阅读、跨文化交际、翻译等。对于英语专业学生，跨学科的基础课程应成为必修课程，内容应以实际应用知识为主。此外，强调音乐、美术、体育、计算机等课程的实际技能培训，培养复合型人才，更有利于用人学校择优录用。在第三、四年级的职前培养中，应开设更具深度和广度的课程。英语教育哲学、英语教育史、英语课程与教学论、英语教育心理学、中小学新英语课程标准分析与教学研究、教育统计、教育技术等课程应该得到重视。教学内容要贴近时代气息，强调课程的灵活性，使英语教师能够更好地适应中小学英语教育实践的需求。这一阶段的培训应使英语教师逐渐形成自己的教育理念，注重培养他们对教育教学的深刻理解。

英语教师的发展是一个层层递进、不断深化的过程。通过在不同阶段的理论基础课程学习，英语教师能够建立起坚实的学科知识和教育理论基础，为将来的教育工作奠定基础。职前培养的分阶段、分层次设计，为培养复合型、适应性强的英语教师提供了有效的路径。这样的培养模式不仅关注知识传递，更注重实践操作，为培养更加全面的教育者奠定了坚实基础。

2. 英语教师的职后培训，应以实践课程为主，力求实践课程的理论化

一体化课程设计的关键在于为英语教师提供广泛的选修机会，为他们创造独立学习和研究的空间，使其能够根据个人兴趣和爱好选择课程。这种培养模式旨在培养具有广博知识和专业深度的教育者，从而更好地应对教育领域的多元化需求。

一体化课程应当充分考虑到英语教师个体差异，为他们提供广泛的选修机会。这意味着英语教师可以根据自己的兴趣和专业方向选择适合自己发展的课程。这种个性化的培养模式有助于激发英语教师的学习热情，提高他们对教育事业的投入。

英语教师职后培训的重点应当放在实践课程上，通过实际操作提高英语教师的专业水平。实践课程不仅要注重实际教学技能的培养，还应该追求理论化和多元化。以英语教育为例，可以开设研讨课程，涉及英语新课程标准与教材分析、英语教学策略论、英语学习策略论、英语教学问题研究等方面，以促使英语教师更深入地思考和探讨教学实践中的问题。

随着科技的不断发展，英语教师需要不断更新自己的知识储备。因此，一体化课程还应包括传递现代科技最新成果的知识更新课程，涵盖英语教育语言学、英语教育心理学、英语专业文献检索与利用等领域。这有助于英语教师保持对新知识的敏感性，更好地适应教育领域的变革。

通过一体化课程和实践导向的职后培训，教师可以在理论与实践的交汇处获得更全面、深入的专业发展。这种培养模式有助于培养具备多方面技能和丰富经验的教育专业人才，更好地满足当今复杂多变的教育需求。

3. 做好英语教师职前课程与职后培训课程的衔接，保证培养培训的规格与质量

为了确保教育体系的规范和质量，英语教师职前课程与职后培训的衔接显得尤为重要。这一衔接的优化不仅关系到教育培训的连贯性，也直接影响着英语教师的专业素养与教学水平。在实践中，我们应当注重一系列原则和方法，以确保培养和培训的有效性。

对于那些在职培养和培训中未曾涉及的课程，我们必须采取积极措施，确保其得到足够的开设时间。这可以通过合理调整课表和资源分配，为这些关键课程提供充足的教学时间，以满足英语教师对新知识和技能的需求。

　　针对职后培训中已开过的课程，我们应当避免简单重复，而是考虑开设专题研讨。这样的研讨可以深化已有知识，避免英语教师对相同内容的疲劳感，并使课程更具有实际应用性。这种方法不仅提高了理论基础知识，也促进了英语教师的专业成长。

　　对于那些在职前培养中已经涉及并已经充分开展的课程，我们应该避免不必要的重复。在这种情况下，可以节约课时，将资源用于加强选修课和实践课，以更好地满足英语教师的个性化需求和发展方向。

　　职前培养课程应着重培养英语师范生的职业素质和专业情感，为其未来的教学生涯奠定坚实基础，而职后培训则需注重英语教师专业内涵的发展，更侧重于理论支持下的方法论的领悟、技能的改造和转型。

　　在英语教师教育一体化课程建构中，需要注意以下三个方面：首先，课程实施要充分体现英语教师的主体性，激发英语教师对知识与探究的积极性；其次，采用螺旋递进的方式编排课程，注重前后内容的连贯性和深入性；最后，一体化课程的设计应有利于英语教师创造力的培养，使其在实际教学中能够更具创新力和应变能力。

　　通过以上措施，我们可以建立起一个更加完善的教育培训体系，确保英语教师培养与培训的规格与质量，促使教育体系更好地适应社会需求，使教育培训更贴近实际、更有深度和广度，为培养优秀的英语教师提供更为坚实的支持和保障。

三、英语教师教育职前与职后一体化课程的实践模式

　　课程目标与课程内容只有付诸实践才能收到实际效果。英语教师职前职后教育课程内容既要相互沟通，又要各具特色。

（一）全程连环模式

　　针对英语新课程培训设计的重在"全程化"的教学模式。培训教师引

导参训教师将新旧英语课程理念进行对比，继而反思自己的教学，并及时组织参训教师观摩新旧课程教学实例，讨论其得与失。在此基础上，让参训教师根据英语新课程改革要求和课程标准设计教学案例，培训教师分别指导，并评定学习成绩。操作程序为：对比—反思—观摩—讨论—指导—提高。

（二）专题培训模式

围绕某一门英语课程内容，把英语理论学习、学术研讨、课堂实践、撰写经验总结有机地结合起来，从而提高英语教师的英语综合能力。操作程序为：专题性理论辅导—专题性文献研究—专题性研讨活动—专题性课堂教学实践—撰写专题性总结。

（三）论题答辩模式

以英语教育论题为中心，引导英语教师自主学习，把获取理论知识与运用理论知识解决英语教学中的实际问题有机结合起来。操作程序为：根据课程内容精心设计自学思考题—英语教师自主学习—通过论题答辩共同提高。

（四）导师指导模式

以导师带徒弟的形式，采用个别辅导的方法，以加速青年英语教师的成长。操作程序为：确定导师对象—制订培训方案—跟踪指导—考核评估验收。

这些实践模式在英语教师教育中相辅相成，既注重理论学习，又强调实践操作，为培养全面素质的英语教育人才提供了有力支持。通过这些模式，英语教师不仅能够在职前建立坚实的基础，还能在职后不断更新知识，适应教育变革，更好地服务于学生的学习与成长。

第七章 高校英语教师专业化发展促进机制：完善教师评价

教师评价是促进教师专业发展、提高教育教学质量的重要手段。然而高校英语教师现存的评价还存在许多的问题，要解决这些问题必须关注评价的目的、对象、方法、周期、结果和改进等方面，构建科学、公正、公开的教师评价体系，为英语教师的职业发展提供有效支持和服务。本章从发展性评价、高校英语教师的胜任力、电子档案的构建三方面对此展开论述。

第一节　高校英语教师发展性评价

一、教师评价与发展性评价

（一）教师评价

教师评价是指对教师的教学、科研、服务等方面进行综合评价的过程。教师评价的主要目的是促进教师的专业发展，提高教育教学质量，为教师的职业发展提供有针对性的建议和支持。

教师评价的对象包括课堂教学、课程设计、教学方法、教学效果、科研成果、社会服务等多个方面。教师评价的主体可以包括学校领导、同事、学生、家长和社会等多方面，形成多元化的评价体系。教师评价的方法包括观察、调查、测试、访谈、自我评价等多种方式，应根据不同的评价目的和对象选择合适的方法。

教师评价应定期进行，可以按学期、学年或者项目周期进行评价，以便及时了解教师的工作状况和发展需求。评价结果应公正、公开，同时保护教师的隐私权。评价结果可以作为教师职业发展、培训和进修的依据，也可以为学校教育教学管理提供参考。教师评价不仅要关注结果，更要关注过程，通过评价发现问题，提出改进措施，促进教师的专业发展。评价结果应与教师的绩效考核、职称评定等环节有效衔接，发挥评价的激励作用，激发教师的工作积极性。评价结果可以为教师培训和进修提供有针对性的建议，帮助教师提高专业能力，推动教育教学质量的提高。

（二）发展性评价

高校教师发展性评价是指对教师在职业生涯中的专业发展进行评价的过程。发展性评价的主要目的是促进教师的专业成长，提高教学质量，而不是对教师进行简单的评级或选拔。以下是发展性评价的主要特点和方法。

其一，发展性评价强调教师在职业生涯中的成长和进步，关注教师的专业知识、技能、教学能力、科研能力等方面的提升。不仅关注教师的教学结果，还关注教学过程，通过对教学过程的观察、记录和分析，帮助教师发现问题，改进教学。

其二，发展性评价鼓励教师进行自我评价和反思，通过自我审视和分析，发现自身优点和不足，制定改进计划。倡导教师之间、教师与学生之间的互动与合作，通过交流与分享，共同提高教学水平。

其三，发展性评价鼓励教师参与教育科研活动，将教学实践与理论研究相结合，提高教育质量。支持教师尝试新的教学方法和手段，如翻转课堂、混合式教学等，提高教学效果。

其四，发展性评价关注教师的职业幸福感和满意度，关心教师的个人发展和生活，提高教师的工作积极性。

发展性评价方法主要包括课堂观察、教学反思、学生评价、同行评价、自我评价等。在实际操作中，应综合运用多种评价方法，确保评价的公正、公开和全面。

总之，高校教师发展性评价是一种关注教师专业成长、强调过程性评价、重视自我评价与反思、促进互动与合作的评价方式。通过发展性评价，可以激发教师的工作热情，提高教学质量，推动学校教育教学工作的持续发展。

二、高校英语教师评价的现状

高校英语教师评价存在一些问题，主要表现在以下几个方面。

评价目的不明确。一些高校对英语教师的评价目的不明确，导致评价流于形式，缺乏实际意义。评价的目的应该是促进教师的专业发展，提高教学质量，但有些评价只是为了评级或者考核，缺乏对教师发展的关注和支持。

评价标准不科学。一些高校对英语教师的评价标准不科学，存在主观性强、缺乏客观指标等问题。评价标准应该反映英语教学的特点和要求，体现教师的专业素养和教学水平，但有些标准过于简单或者模糊，难以全面反映教师的教学实际情况。

评价方式单一。一些高校对英语教师的评价方式单一，主要以学生评价和领导评价为主，缺乏多元化的评价方式。评价应该包括自我评价、同行评价、学生评价等多种方式，但有些高校缺乏这些评价方式，导致评价结果不够客观和全面。

反馈不及时。一些高校对英语教师的评价结果反馈不及时，导致教师无法及时了解自己的优缺点，难以制定改进计划和提高教学质量。评价结果的反馈应该及时、具体、明确，帮助教师制定适合自己的专业发展计划。

缺乏持续改进。一些高校对英语教师的评价缺乏持续改进的机制，导致评价流于形式，难以发挥促进教师专业发展的作用。评价应该是一个持续的过程，包括定期评估、反馈、制定改进计划、实施改进等环节，但有些高校缺乏这样的机制。

三、高校英语教师实行发展性评价的必要性

随着教育改革的深入推进，素质教育已经成为教育的主旋律。发展性评价着眼于学生的整体发展，关注学生的学习过程和个体差异，能够更好地适应教育改革的需求。

发展性评价的目的是提高教学质量，帮助学生实现全面发展。它注重学生的主体地位，关注学生的学习过程和个体差异。通过发展性评价，英语教师可以了解学生的学习情况和需求，帮助学生发现自己的优点和不足，激发学生的学习动力和自信心。

发展性评价不仅关注学生的发展，也关注英语教师的专业发展。通过发展性评价，英语教师可以了解自己的教学情况和专业素养，发现自己的不足之处，明确自己的发展方向，提高教学水平和专业素养。还可以不断改进自己的教学方法和手段，提高教学效果，从而提升教学质量。

此外，发展性评价还是一种科学、客观的评价方式，可以为教育管理体系提供更加全面、准确的数据支持。通过发展性评价，学校可以了解英语教师的教学情况和专业素养，发现教育管理中的不足之处，完善教育管理体系，提高教育管理水平。

综上所述，发展性评价是必要的，它适应教育改革的需求、促进英语教师专业发展、提高教学质量、增强学生的学习动力、完善教育管理体系。

四、高校英语教师发展性评价的具体实施

高校英语教师发展性评价的具体实施可以包括以下几个方面。

首先，确定评价标准。根据英语教学的特点和要求，制定具体的评价标准，包括教学态度、教学方法、教学内容、教学效果等方面。这些标准应体现英语教学的规律和特点，能够全面反映英语教师的教学水平和专业素养。

其次，收集并分析评价信息。通过多种渠道收集关于英语教师的评价信息，包括学生评价、同行评价、自我评价等。同时，还可以通过课堂观察、教学观摩、教案检查等方式获取更直接的评价信息。对收集到的评价信息进行深入分析，了解英语教师的教学情况和专业素养。在分析过程中，要注重全面性和客观性，避免片面和主观的判断。

再次，反馈评价结果。将分析后的评价结果及时反馈给教师，帮助英语教师了解自己的优势和不足。同时，根据英语教师的实际情况和特点，提供个性化的建议和指导，帮助英语教师制定适合自己的专业发展计划。

最后，持续跟踪和改进。发展性评价不是一次性的活动，而是持续的过程。在实施过程中，要持续跟踪英语教师的专业发展情况，及时调整和改进评价方式和策略，确保评价的有效性和针对性。

总之，高校英语教师的发展性评价是一种以促进教师专业发展为目的的评价方式。它通过多元化的评价方式和个性化的反馈和建议，帮助英语教师提高教学水平和专业素养，促进英语教师的职业成长和发展。

第二节　高校英语教师胜任力现状及影响因素

一、胜任力与教学胜任力

胜任力（Competence）是指个体在特定情境下，为实现目标所应具备的知识、技能、态度和价值观等方面的综合能力。胜任力是一个广义的概念，可以应用于不同的领域和岗位，包括专业领域、管理领域、技术领域等。

教学胜任力（Teaching Competence）是指教师在教育教学过程中，为实现教学目标、提高教学质量所应具备的专业知识、技能、态度和价值观等方面的综合能力。教学胜任力是胜任力概念在教育领域的具体体现，主要关注教师在教学过程中的表现和能力。

与胜任力的一般意义相比，教学胜任力更具体地关注教师在教学领域的专业知识和技能，以及他们如何有效地应用这些知识和技能来促进学生的学习和发展。教学胜任力强调的是教师在教学工作中的专业素质和实际能力，而不仅仅是理论知识和技能的掌握。因此，教学胜任力是教师胜任力在教学领域的具体体现，是教师需要具备的与教学工作相关的专业素质和实际能力。

二、高校英语教师胜任力的重要表现

高校英语教师的胜任力是指在高等教育环境下，英语教师为实现教学目标、提高教学质量所应具备的专业知识、技能、态度和价值观等方面的能力。根据相关研究，高校英语教师的胜任力可以从以下几个方面进行分析。

（1）专业知识。具备扎实的英语语言知识，包括词汇、语法、语音、写作等方面；掌握英语国家文化、历史、社会等方面的知识；了解教育学、心理学等教育理论知识。

（2）教学技能。具备良好的教学设计能力，能够根据教学目标和学生需求设计合理的教学方案；具备课堂管理能力，能够有效地组织和调控课堂秩序；具备良好的沟通能力，能够用流利、准确的英语进行口头和书面表达，并且能够与学生进行有效的交流和互动；具备教学评价能力，能够对学生的学习效果进行科学的评价。

（3）教学态度。具有敬业精神，对待教学工作认真负责；具有创新意识，勇于尝试新的教学方法和手段；具有学生中心的理念，关注学生的学习需求和发展。

（4）情感道德特征。具有良好的人际关系处理能力，能够与学生建立良好的师生关系；具有高度的自律和自我控制能力；具有自信心，相信自己的工作能力和教学效果。

（5）教学管理能力。具备课程开发和改革的能力，能够根据社会发展和教育改革的需求对课程进行调整和优化；具备教学团队管理能力，能够协同其他教师共同完成教学任务。

（6）学习理解能力。具备终身学习的意识，积极学习新知识、新技能，不断提高自己的专业素养；具备理解学生学习需求的能力，能够针对学生的不同需求进行个性化教学。

（7）教学动机与爱好。具有强烈的教学热情和兴趣，热爱教育事业；具有明确的教学目标和追求，致力于提高教学质量。

（8）教育教学研究能力。高校英语教师需要具备一定的教育教学研究能力，能够对英语教学过程中的问题进行分析和研究，并提出相应的解决方案和措施。他们需要关注教育教学领域的新动态和新趋势，不断更新自己的教育理念和方法。

（9）现代教育技术应用能力。随着现代教育技术的发展，高校英语教师需要掌握现代教育技术，能够利用信息技术手段进行辅助教学和在线教育。他们需要了解各种教育技术工具的功能和使用方法，将其有效地运用到教学中，提高教学效果和质量。

综上所述，高校英语教师的胜任力是一个多元化的综合能力，需要在专业知识、教学技能、教学态度、情感道德特征等方面进行全面培养和提高。

三、高校英语教师胜任力的现状

总的来说，高校英语教师的胜任力在整体上是比较高的，但在具体方面仍存在一些不足和挑战。例如，随着时代的发展和全球化的推进，英语语言和教学技能也在不断更新和发展，但部分高校英语教师未能及时更新自己的语言知识和教学技能，以适应教育发展的需要；有些英语教师可能过于依赖传统的教学方法和手段，缺乏创新和变革的能力，无法有效地应对现代教育发展的挑战；有些英语教师可能缺乏与学生互动的能力，无法有效地激发学生的学习兴趣和动力；有些英语教师可能缺乏对职业素养的认识和重视，无法有效地履行自己的工作职责；有些英语教师可能缺乏对教育教学研究的兴趣和能力，无法有效地总结和提炼自己的教学实践经验；有些英语教师可能缺乏对现代教育技术的了解和应用能力，无法有效地将现代教育技术应用到教学中；大部分高校英语教师具有终身学习的意识，但部分英语教师在理解学生需求和学习新知识、新技能方面需要加强；许多高校英语教师具有强烈的教学热情和兴趣，但部分英语教师缺乏明确的教学目标和追求，需要进一步明确自己的职业发展路径。

为了提高自己的胜任力水平，高校英语教师需要不断学习、实践和反思，不断提高自己的专业素质和工作能力。同时，学校和教育部门也需要加强对高校英语教师的培训和指导，为其提供更多的学习和发展机会。

四、高校英语教师胜任力提高的影响因素

高校英语教师胜任力的提高受到多种因素的影响，英语教师应关注这些影响因素，努力提高自己的专业素养和教学能力，为提高教育教学质量做出贡献。高校英语教师胜任力提高的影响因素主要包括以下几个方面。

教育管理部门　　　　　　　　学校和院系

个人　　影响因素　　社会

学生　　　　　　　　家庭

图7-1　高校英语教师胜任力的影响因素

教育管理部门是高校英语教师胜任力提高的重要推动者和保障者。教育管理部门需要制定相关政策，明确英语教师胜任力的标准，加强对英语教师胜任力的管理和指导，提供培训和发展机会，鼓励英语教师不断提高自己的胜任力水平。

学校和院系是高校英语教师工作的直接管理者和组织者，对英语教师胜任力的提高具有直接的影响。学校和院系需要为英语教师提供良好的工作环境和条件，加强对英语教师的培训和指导，鼓励英语教师进行教学反思和教学研究，促进英语教师之间的交流和合作，激发英语教师的创新意识和进取心。

英语教师自身的专业知识、教学技能、教学态度、情感道德特征等方面的能力和素质直接影响到其胜任力的提高。英语教师需要不断学习新知识、新技能，提高自己的专业素养，培养良好的情感道德特征，提高自己的教学能力。英语教师的自我反思能力和成长意识对胜任力的提高也具有关键作用。英语教师应养成良好的自我反思习惯，关注自己的教学行为和效果，树立明确的职业发展目标，努力提高自己的教学水平。

社会对教育的重视程度、教育政策、教育理念等方面的影响对英语教师胜任力的提高具有重要作用。社会应关注教育事业的发展，制定有利于英语教师发展的政策和措施，促进教育理念的更新。

　　学生的需求和反馈对英语教师胜任力的提高具有促进作用。英语教师应关注学生的学习需求和发展，倾听学生的反馈，不断改进教学方法和手段，提高教学质量。

　　家庭教育理念和家长的期望对英语教师胜任力的提高具有一定的影响。英语教师应与家长保持良好的沟通和合作，共同促进学生的全面发展。

　　此外，高校英语教师胜任力提高还要考虑教育教学研究的影响。教育教学研究是高校英语教师胜任力提高的重要途径之一。通过教育教学研究，英语教师能够深入理解英语语言教学规律和学生需求，探索新的教学方法和手段，解决教学中的问题和挑战，提高自己的教学水平和创新能力。而现代教育技术是高校英语教师胜任力提高的重要工具之一。通过掌握现代教育技术，英语教师能够利用信息技术手段进行辅助教学和在线教育，提高教学效果和质量，同时也可以提高自己的信息技术应用能力和创新能力。

五、新环境下高校英语教师胜任力的提高

　　信息技术的发展催生了教育信息化时代的到来，而教育信息化对高校英语教师的胜任力提出了更高的要求。针对教育信息化对高校英语教师的新要求，我们从教师培训、教师内在建设、教师信息素养、智慧环境营造等方面展开分析。

（一）明确目标，加强英语教师培训

　　明确目标，加强英语教师培训的具体措施包括以下几个方面。

　　制定明确的培训目标。在开展英语教师培训之前，需要制定明确的培训目标，包括提高英语教师的教学能力、专业知识、教学方法和手段等方面的水平，以确保培训的有效性和针对性。培训目标应该与教育改革和发展的需求、高校英语教师的实际需求和工作特点相符合，以提高英语教师的专业素养和教学能力为核心，同时也要注重英语教师的个人发展和职业规划。

多元化培训内容和方式。针对高校英语教师的不同需求和特点，需要采用多元化的培训内容和方式。培训内容应该包括英语语言知识、教学技能、学科发展动态、现代教育技术等方面的知识，同时也要注重英语教师个人素质和职业素养的提升。培训方式可以包括在线学习、集中面授、教学观摩、研讨交流等方式，以满足不同英语教师的需求和学习风格。建立多层次的英语教师培训体系，包括岗前培训、在职培训、骨干英语教师培训等，满足不同阶段、不同层次英语教师的发展需求。同时，注重培训内容的针对性和实效性，根据英语教师的实际需求进行个性化培训。

加强实践性和应用性。高校英语教师培训应该注重实践性和应用性，以提高英语教师的实际教学能力为核心。因此，培训应该注重教学实践和模拟教学等环节，采用"理论培训+实践指导+反思交流"的三位一体培训模式，让英语教师在实际教学环境中应用所学知识和技能，确保英语教师培训的效果。理论培训帮助英语教师掌握先进的教育理念和教学方法；实践指导使英语教师将所学知识应用于实际教学中，提高教学能力；反思交流促使英语教师对教学过程进行总结和反思，不断改进教学方法和手段。同时，培训也可以通过案例分析、问题解决等方式，让英语教师在实际案例中学习和掌握解决问题的方法和技巧。

建立培训评估机制。为了确保英语教师培训的有效性和质量，需要建立完善的培训评估机制。评估应该包括对培训内容、方式、效果等方面的评价，同时也要注重英语教师的个人发展和职业规划的评价。通过评估结果，可以对培训进行及时调整和改进，以提高培训的质量和效果。

激励和奖励机制。为了激发高校英语教师参加培训的积极性和主动性，需要建立相应的激励和奖励机制。学校可以根据英语教师的培训表现和成绩，给予相应的奖励和荣誉，如优秀学员、教学能手等称号，同时也可以将培训表现作为英语教师职称评定、岗位晋升等方面的参考依据，以提高英语教师参加培训的积极性和主动性。

培训资源优化。整合优质培训资源，包括优秀的培训英语教师、丰富的培训课程、先进的培训手段等，提高英语教师培训的质量和水平。同时，加强与国内外知名教育机构的合作，引进先进的培训理念和方法。

注重培训成果的转化。引导英语教师将培训成果转化为实际教学行动，将所学知识和技能应用于教学实践中，提高课堂教学效果。

（二）重塑理念，注重英语教师内在建设

重塑理念，注重英语教师内在建设的具体措施包括以下几个方面。

更新教育观念。高校英语教师应该重新审视和更新自己的教育观念，树立以学生为中心、注重学生全面发展的教学理念，关注学生的学习需求和个性差异，尊重学生的主体地位，激发学生的学习兴趣和积极性，从传统的以教师为中心的教学模式向以学生为中心的教学模式转变。

增强自我发展意识。高校英语教师应该具备自我发展意识，不断学习和探索新的教学方法和手段，提高自己的专业素质和教学能力，包括英语语言知识、教育理论知识、教学技能等方面，努力成为学科领域的专家。同时，英语教师也应该注重个人素质和职业素养的提升，树立正确的教育价值观和教育理念。英语教师应具备良好的情感道德特征，如敬业精神、责任心、诚信、自律等，为学生树立良好的榜样，引导学生形成正确的价值观和道德观。

强化跨文化意识。高校英语教师需要具备跨文化意识，注重培养学生的跨文化交际能力和文化素养。英语教师可以通过参加跨文化培训、阅读跨文化相关书籍、参与跨文化交流活动等方式，增强自己的跨文化意识，提高自己的跨文化能力。

注重反思和总结。高校英语教师应该注重反思和总结自己的教学实践经验，发现自己的不足和问题，探索解决问题的方法和途径，同时，树立明确的职业发展目标，努力提高自己的教学水平和综合素质，还应该积极与其他教师交流和分享经验，互相学习和借鉴，共同提高教学水平。

英语教师应养成自我反思的习惯，对自身的教学行为和效果进行总结和反思，不断改进自己的教学方法和手段。教学模式和活动形式，激发学生的创新思维和创造力，同时，英语教师也应该注重培养学生的创新意识和能力，为学生提供更多的创新机会和实践平台。

注重终身学习。英语教师应树立终身学习的理念，积极学习新知识、新技能，不断提高自己的专业素养和教学能力，以适应教育事业的发展

需求。

（三）与时俱进，提升英语教师信息素养

与时俱进，提升英语教师信息素养的具体措施如下。

培养信息意识。英语教师应该具备信息意识，认识到信息素养在教学中的重要性。学校可以组织相关的培训和讲座，帮助教师了解信息素养的内涵和意义，增强教师的信息意识。

提高网络素养。英语教师应具备良好的网络素养，能够有效地获取、筛选、利用网络资源，提高自己的教学水平和综合素质，同时，要注意网络安全和网络道德，遵守网络规范。

学习信息技术知识。英语教师应主动学习信息技术知识，如计算机操作、网络技术、多媒体技术等，了解计算机、网络、多媒体等基本概念和技术，掌握常用的信息技术工具和软件的使用方法。学校可以提供相关的信息技术培训，帮助教师提高信息技术应用能力。

掌握教育技术应用。英语教师应掌握教育技术在教学中的应用，如网络课程、在线学习平台、多媒体教学工具等，将这些技术应用于实际教学中，提高教学效果和质量。

参加相关培训和研讨会。英语教师应积极参加信息技术和教育技术相关的培训和研讨会，了解最新的教育技术发展动态，提高自己的信息素养。

与同行交流与合作。英语教师应与其他教师进行交流和合作，分享在信息技术和教育技术方面的经验和心得，了解最新的信息技术和教育理念。通过学术交流活动，教师可以拓宽自己的视野，提高自身的专业素质和信息素养。

创新教学方法和手段。英语教师应利用信息技术和教育技术，创新教学方法和手段。教师可以利用信息技术手段进行辅助教学，如在线课程、数字化教学资源等，提高教学效果和质量。

建立信息共享平台。学校可以建立信息共享平台，提供数字化教学资源、在线课程、教学软件等方面的资源，方便教师获取和使用，同时，教师也可以将自己的教学资源上传到平台，与其他教师分享和交流。

开展教学研究。英语教师应该开展教学研究，探索信息技术在英语教学中的作用和应用方式。通过教学研究，教师可以不断总结经验，改进教学方式和手段，提高教学效果和自身的信息素养。

提高数字化教学资源的开发和利用能力。英语教师应具备开发和利用数字化教学资源的能力，能够根据教学需求，制作适合自己教学使用的课件、微课等教学资源。

（四）外合里应，营造校园智慧大环境

外合里应，营造校园智慧大环境的具体措施包括以下几个方面。

制定智慧校园建设规划。学校应该制定智慧校园建设规划，明确建设目标、任务和实施方案。规划应该注重数字化、网络化、智能化等方面的建设，提高校园的信息化水平。

完善校园信息基础设施。学校应该完善校园信息基础设施，包括校园网、数据中心、多媒体教室、数字化图书馆等方面的建设。提高校园网络覆盖率和速度，实现无线网络全覆盖；升级校园设施，如教室、图书馆、实验室等，配备智能化设备，如智能黑板、电子图书、在线学习平台等，同时，也应该注重基础设施的更新和维护，保证设施的稳定性和可靠性。

推进数字化教学资源建设。学校应该推进数字化教学资源建设，建设优质、丰富、多样化的教学资源库，同时，也可以鼓励教师自主开发教学资源，促进教学资源的共享和交流。加强与校外机构的合作，引进优质教育资源，提高学校教育水平；加强与兄弟学校的交流，分享智慧校园建设经验，共同提高教育质量。

构建智慧教学平台。学校应该构建智慧教学平台，提供在线课程、教学管理、互动交流等功能。推广教育技术在教学中的应用，鼓励教师使用网络课程、在线学习平台、多媒体教学工具等，提高教学效果和质量；开展数字化教育资源的共建共享，提高资源利用效率。通过智慧教学平台，教师可以方便地进行在线教学、课程管理、作业布置和批改等操作，提高教学效率和效果，还可实现学生、教师、家长、管理者等多方信息的互通，提高学校管理效率和便捷性。

强化师生信息素养培训。学校应该强化师生信息素养培训，增强师生的信息意识，提高师生的信息技能，培养师生的信息道德。可以通过开展信息技术培训、教学软件使用培训等方式，帮助师生掌握必要的信息技术和应用能力。

建立智慧校园管理机制。学校应该建立智慧校园管理机制，明确管理职责和管理流程，同时，也应该注重数据安全和隐私保护，制定相应的安全管理制度和措施；建立信息安全保障体系，确保校园网络安全；加强对师生的网络安全教育，增强师生的网络安全意识和防护，提高师生的网络安全意识和防护能力。

营造智慧校园文化氛围。学校应该营造智慧校园文化氛围，鼓励师生积极参与智慧校园建设。可以通过举办智慧校园文化节、开展智慧校园主题活动等方式，提高师生对智慧校园建设的认识和参与度。

实施绿色校园建设。利用智能化技术，实现校园节能减排，如智能照明、智能空调等；开展环保教育，增强师生的环保意识，提高师生的环保意识行动力。

第三节　高校英语教师评价的创新手段：构建电子档案袋

一、电子档案袋的内涵

电子档案袋是一种电子文件管理工具，通过模拟传统文件的形式，将一定范围内的电子文档按照一定的规则和分类方式进行归档、查阅、管理和共享。每个电子档案袋由一个"袋式"文件夹和多个电子档案盒（文件夹）组成，一个电子档案盒又由多个电子档案袋（袋式文件夹）组成。用户可以根据需要添加或删除电子档案盒、电子档案袋和电子文件。

电子档案袋包括两部分：学生电子档案袋与教师电子档案袋。学生电子档案袋是一种能记录学生成长过程的网络工具，主要包括个人履历，主要作品，评价（课程评价、自我评价、他人的评价），学习过程记录、反思、评价等。它以数字化的形式存储和展示学生的学习成果和成长历程，并允许教师、学生和家长随时查看和更新内容。[①]

学生电子档案袋不仅存储着学生的学习成果和作品，还记录着学生的学习过程和成长轨迹。电子档案袋中的内容可以包括作业、作品、考试成绩、反思笔记、学习计划、证书等，这些信息以数字化形式存储，方便随时随地查看和管理。

学生电子档案袋可以帮助教师和家长更好地了解学生的学习情况，提高学习兴趣和自主性，同时为教学评价提供了一个灵活多样的方式。随着教育信息化的发展，电子档案袋的设计与使用逐渐受到重视，为教学效果的及时反馈和学生创新能力的培养提供了有效支持。

教师电子档案袋是一种记录教师专业成长过程的电子工具，它可以记录教师的教学经验、专业发展历程、研究成果等信息，在教师专业发展、教学效果提升、教师交流与分享、工作效率提高等方面具有重要作用。

二、电子档案袋在高校英语教师评价中应用的可能性

信息技术的发展为在高校英语教师评价中建立电子档案袋提供了条件，信息技术的发展使得电子档案袋的建立和管理变得更加便捷和高效。具体来说，信息技术的发展对电子档案袋的建立提供了以下支持。

（1）数据存储与传输。信息技术使得大量数据能够被有效地存储和传输，从而保证了电子档案袋中数据的完整性和安全性。

---

① 钱坤.英语分层教学电子档案袋应用研究[J].兰台内外，2022（5）：62-64.

（2）自动化处理。信息技术可以实现数据的自动化处理和分析，提高了电子档案袋的管理效率和使用价值。

（3）实时更新与共享。信息技术使得电子档案袋的内容可以实时更新和共享，使得教师、学生、同行和学校管理者等可以随时随地查看和交流。

（4）数据分析与挖掘。信息技术可以对电子档案袋中的大量数据进行深入的分析和挖掘，为教师评价提供更加全面和准确的数据支持。

（5）信息安全与隐私保护。信息技术的发展为电子档案袋的信息安全和隐私保护提供了保障，教师可以设置访问权限，确保电子档案袋中的信息安全。

（6）在线协作与互动。信息技术的发展使得在线协作和互动成为可能，教师可以在电子档案袋中添加评论、讨论等功能，实现教师之间的实时交流与互动。

综上所述，信息技术的发展为高校英语教师评价建立电子档案袋提供了重要的条件和支持，教师可以更加便捷地记录、管理和分享自己的教学成长与评价过程，电子档案袋的管理和使用也更加便捷、高效和准确。

三、电子档案袋在高校英语教师评价中应用的优势

（一）有效节约各类成本

相比于传统的纸质档案管理方式，电子档案袋具有以下优点。

第一，降低维护成本。电子档案袋的维护成本相对较低，采用电子档案袋，教师无需打印大量的纸质材料，如教案、课件等，从而节约了纸张和印刷成本。同时它们不需要像纸质档案那样进行物理保护，如防潮、防虫等。同时，电子档案袋的备份和恢复也更加方便快捷，可以降低数据丢失的风险。

第二，降低复制和传输成本。电子档案袋可以通过数字方式轻松复制和传输，不需要像纸质档案那样进行复印或人工传输，降低了复制和传输成本。

第三，降低存储空间成本。电子档案袋存储在电子设备或云端，不需要占用物理空间，因此可以有效减少对存储空间的依赖，降低存储成本。

第四，降低人力资源成本。电子档案袋的查找、检索和整理等操作更加高效，可以通过关键词、标签等快速定位和检索所需信息，避免了纸质档案需要手动翻阅的繁琐过程，提高了工作效率。

第五，降低了管理成本。电子档案袋可以实现教师成长与评价的自动化、智能化管理，降低了教育行政部门的管理成本。

（二）可以实现资源共享

电子档案袋作为一种数字化工具，可以实现资源共享。通过电子档案袋，教师可以将自己的教学资源、成果、经验与反思等信息存储和整理起来，并方便地分享给同事、领导和评价者。例如，教师可以在电子档案袋中存储和整理自己的教学资源，如课件、教案、试题等，并将其分享给同事，促进教学资源的共享与利用；教师也可以在电子档案袋中记录自己的教学心得、反思和经验，并将其分享给同事和领导，有助于教师之间的学习交流和共同进步。电子档案袋的共享还可以促进不同部门、不同地区、不同领域的用户之间的合作。用户可以通过电子档案袋共享自己的资源和知识，同时也可以获取他人的资源和知识，促进相互之间的学习和交流。

（三）内容手段丰富多样

除了传统的文本、图片、音频、视频等形式外，电子档案袋还可以包含以下类型的信息。

（1）网络链接。教师可以将与自己教学成果、经验与反思相关的网页、博客文章等网络资源的链接保存在电子档案袋中，方便随时查看和分享。

（2）数据报表。教师可以将教学过程中的各类数据整理成报表形式，如学生学习成绩分析表、教学活动参与情况统计表等，以便于分析和评价。

（3）在线互动。电子档案袋可以包含教师与其他教师、学生或家长之间的在线交流记录，如聊天记录、论坛发帖等，反映教师的沟通与协调能力。

（4）电子证书与荣誉。教师可以将获得的电子证书、荣誉证书等保存在电子档案袋中，展示自己的教学成果和专业成就。

（5）课件与教案。教师可以将自己制作的课件、教案等教学资源保存在电子档案袋中，方便与其他教师分享和交流。

相比于传统的纸质档案，电子档案袋可以采取多种不同的信息保存手段，从而更好地保护档案信息，提高档案的保存质量和安全性。具体来说，电子档案袋的信息保存手段包括以下几种。

（1）多种存储介质。电子档案袋可以存储在多种不同的介质上，如硬盘、光盘、闪存盘等。这些介质具有不同的特点和适用范围，可以根据档案信息的类型和重要性选择合适的介质进行保存。

（2）备份与容灾。电子档案袋可以进行定期备份和容灾，以防止数据丢失和意外损坏。备份可以采用本地备份和异地备份两种方式，根据实际情况选择合适的备份策略。容灾则可以通过建立灾备中心、采用虚拟化技术等方式实现。

（3）加密与权限控制。电子档案袋可以采用加密和权限控制等安全措施，确保档案信息的安全性和保密性。通过加密技术，可以对档案信息进行加密保护，防止未经授权的访问和窃取。权限控制则可以对不同用户设置不同的访问权限，限制用户的访问范围和操作权限。

（4）定期检测与维护。电子档案袋需要定期进行检测和维护，以确保其保存状态良好。检测可以包括硬件和软件的检测、存储介质的检测等，及时发现和解决潜在的问题；维护则包括数据的整理、修复和更新等，保持档案信息的完整性和准确性。

（5）存储格式与标准。电子档案袋可以采用多种不同的存储格式和标准，如PDF、DOC、JPG等。选择合适的存储格式和标准可以确保档案信息的可读性和兼容性，同时也有利于信息的交换和共享。

（四）避免评估主观偏向

电子档案袋可以避免评估主观偏向，因为电子档案袋是一种基于客观信息的评价方式。在电子档案袋中，教师提交的资料都是以数字形式存储和呈现的，评价者可以通过这些客观信息对教师进行评价，避免了主观臆断和情感偏见的影响。

具体来说，电子档案袋在避免评估主观偏向方面具有以下优点。

其一，客观性。电子档案袋中的信息都是客观存在的，如教案、学生作业、考试成绩等，这些信息都是可以通过数字形式进行记录和呈现的。评价者可以通过这些客观信息对教师进行评价，避免了主观臆断和情感偏见的影响。

其二，可追溯性。电子档案袋可以记录教师的整个教学过程和成果，评价者可以追溯和查看教师的历史表现和进步情况。这种可追溯性使得评价更加客观和全面，避免了评价者对教师的主观印象和偏见。

其三，多角度评价。电子档案袋可以包含教师自我评价、同事评价、学生评价、家长评价等多种评价角度，使得评价更加全面、公正，避免单一评价角度导致的主观偏向。

其四，标准化。电子档案袋的评价标准可以事先制定和公布，评价者按照统一的标准对教师进行评价，避免了不同评价者采用不同标准导致的主观偏差。

其五，定量分析。电子档案袋可以采取定量分析的方式对教师进行评价，如通过数据统计和分析来评估教师的教学效果和学生的学习成果。这种定量分析方式可以减少主观判断和情感因素的影响，使评价更加客观和准确。

综上所述，电子档案袋在避免评估主观偏向方面具有客观性、可追溯性、标准化和定量分析等优点。通过电子档案袋的应用，可以更加客观、全面、准确地评价教师的表现和成果，促进教师的专业发展和提升。

（五）关注教师主体地位

电子档案袋作为一种教师成长与评价的工具，确实关注到了教师主体地位。与传统的评价方式相比，电子档案袋强调教师的自我反思、自我评价和自我发展。这种评价方式不再仅仅依赖于行政领导的主观判断，而是通过收集和分析教师个体和团队发展的科学数据，为教师的专业发展提供更加客观、全面的指导。教师的主体地位主要体现在三个方面（图7-2）。

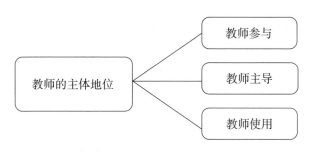

图7-2　教师的主体地位体现

电子档案袋的评价过程需要教师的积极参与。教师需要主动提供自己的教学资料，并参与评价和反馈活动。电子档案袋允许教师自主选择和提交自己的教学资料（如教案、教学视频、反思日志等），也有权决定自己的档案内容，充分体现了教师的自主性。教师的参与程度直接影响评价结果的有效性和可靠性。

在电子档案袋的评价过程中，教师应处于主导地位。教师应根据自己的专业发展需求，制定适合自己的发展计划和目标，并通过电子档案袋进行记录和展示。教师的主导作用有助于提高评价的针对性和有效性。

电子档案袋的使用应符合教师的实际需求。教师可以选择适合自己的电子档案系统，根据自己的教学情况和专业发展目标进行设计和使用。教师的使用体验和满意度是评价电子档案袋的重要指标之一，同时，电子档案袋为教师提供了一个自我反思的平台。教师可以随时查看自己的教学资料，从中发现问题和不足，进而制定改进计划。这种自我反思的过程有助于教师的专业成长和发展。

在设计电子档案袋系统时，应牢牢把握教师个体为记录主体，突出教师主体地位。通过数据积累和大数据剖析，可以明晰教师个人职业特性，科学规划教师队伍。此外，电子档案袋还有助于教师之间的学习分享，促进教师教学水平的不断提高。总之，电子档案袋在关注教师主体地位的同时，也为教师的专业发展提供了有力支持。

（六）促进教师终身学习

电子档案袋在促进教师终身学习方面具有重要作用。通过电子档案袋，教师可以记录自己的教学经验、专业发展历程、研究成果等信息，从而更好地规划自己的职业发展。具体来说，电子档案袋在促进教师终身学习方面的作用体现在以下几个方面。

其一，记录和反思。电子档案袋为教师提供了一个记录和反思的平台。教师可以将自己的教学计划、教案、课堂实录、学生作业等资料整理归档，随时回顾和反思自己的教学实践。通过对比不同时期的教学资料，教师可以发现自己的成长和进步，发现教学中的不足和问题，从而制定改进计划，进一步提高教学质量。

其二，学习资源的积累与分享。教师可以在电子档案袋中存储和整理自己的教学资源，如课件、教案、教学心得等。这些资源的积累和分享有助于教师之间的相互学习和交流，促进共同进步。

其三，专业发展的可视化。电子档案袋可以清晰地展示教师的专业发展轨迹，使教师更加明确自己的优势和不足，从而制定有针对性的终身学习计划。

其四，交流和分享。电子档案袋具有共享功能，教师可以与其他教师、学生、管理者等交流和分享自己的教学经验和成果。通过互相学习和借鉴，教师可以拓宽视野、取长补短，共同提高教学水平，同时，教师也可以将自己的教学成果和经验与同行进行分享，获得更多的认可和肯定，增强自信心和职业成就感。

其五，导向和激励。电子档案袋为教师的职业发展提供了导向和激励。通过电子档案袋的记录和展示，教师可以明确自己的发展方向和目标，了解自己的优势和不足，从而制定个性化的职业发展计划，同时，电子档案袋的记录和评价也可以激励教师不断努力、追求卓越，提高自己的专业素养和教学水平。

其六，适应教育变革。随着教育的不断发展和变革，教师需要不断更新知识和技能。电子档案袋可以帮助教师跟踪和记录自己的学习过程，更好地适应教育变革的需求。

电子档案袋的应用鼓励教师养成终身学习的习惯。随着教育的不断发展和改革，教师需要不断更新自己的教育理念和教学方法。通过电子档案袋的记录和反思，教师可以发现自己在知识、技能方面的不足，从而有针对性地进行学习和提升。同时，电子档案袋也提供了丰富的教育资源和学习机会，方便教师随时随地进行自我学习和提升。

四、高校英语教师电子档案袋应包括的内容

高校英语教师电子档案袋应包括以下内容。

（1）英语教师个人信息。包括英语教师的基本信息，如姓名、性别、年龄、学历、职称、教学经历等。

（2）教学计划与教案。包括英语教师所教授的课程名称、教学计划、教案等，反映英语教师的教学准备情况。

（3）课件与教学资源。包括英语教师为课程准备的课件、教学视频、教学音频、教学图片等资源，反映英语教师的教学资源丰富程度。

（4）学生学习成绩。包括学生的考试成绩、作业成绩、课堂表现等，反映英语教师的教学效果。

（5）教学经验与反思。包括英语教师的教学心得、教学反思、教学改进措施等，反映英语教师的教学成长与自我提升。

（6）学生评价与反馈。包括学生对英语教师教学的评价、学生对课程的反馈等，反映英语教师的教学质量和学生满意度。

（7）同行评价与建议。包括同事对英语教师教学的评价、对课程的建议等，反映英语教师在教学方面的优势和不足。

（8）英语教师培训与成长。包括英语教师参加的培训课程、获得的证书、荣誉等，反映英语教师的专业成长和发展潜力。

（9）交流与合作。包括英语教师与其他英语教师、学生或家长之间的在线交流记录、合作项目等，反映英语教师的沟通与协调能力。

（10）教研成果与创新。包括英语教师发表的论文、参与的课题、获得的奖项等，反映英语教师的教学研究与创新能力。

五、高校英语教师电子档案袋的建立步骤

高校英语教师电子档案袋的建立应遵循以下步骤。

第一步，确定评价目标和内容。明确评价的目标和内容，如教学能力、科研成果、专业发展等，为建立电子档案袋提供指导。

第二步，设计档案结构。根据评价目标和内容，设计电子档案袋的结构，包括目录、内容、评价标准等。

第三步，收集和整理资料。广泛收集和整理英语教师的教学资料，如教案、教学视频、学生评价、同行评价等，并分类整理归档。英语教师需要定期更新自己的教学资料和反思日志，学校管理者也需要对电子档案袋进行定期维护和更新。

第四步，建立电子档案系统。选择合适的电子档案系统，建立电子档案袋，将整理好的资料录入系统，并设置相应的权限和功能。

第五步，利用电子档案进行英语教师评价。根据电子档案袋中的资料和数据，对英语教师的教学情况进行全面客观的评价，并给予反馈和建议。

第六步，反馈与改进。将评价结果及时反馈给英语教师，帮助英语教师了解自己的优势和不足，为英语教师的专业发展提供指导和支持。同时，英语教师应根据反馈结果制定改进计划，不断提高自己的教学水平和专业素养。

通过以上步骤，可以建立高校英语教师评价电子档案袋，全面反映英语教师的教学情况和专业发展历程，为英语教师的专业发展提供有力支持。

六、高校英语教师评价使用电子档案袋应注意的问题

（一）注意避免电子档案袋评价形式主义

在使用电子档案袋进行英语教师评价时，确实需要注意避免形式主义。

形式主义会导致评价失去实际意义，无法真实反映英语教师的教学水平和专业发展。为避免形式主义，可以从以下几个方面着手。

第一，在实施电子档案袋评价之前，要明确评价的目的和意义，确保评价能够真正反映英语教师的实际表现和发展情况。评价标准应该客观、公正、全面，能够涵盖英语教师的各个方面，避免标准过于简单或过于复杂，并随着教育的发展和变革而不断更新和优化，以适应新的教学需求和挑战，避免过时的评价标准导致的形式主义。

第二，评价者应以电子档案袋中的真实数据为依据，客观、公正地评价英语教师的教学成果、经验与反思，避免主观臆断和片面评价。关注英语教师在教学过程中的实际表现和成果，而非过于关注形式和表面功夫。例如，关注英语教师的教学质量、学生满意度、教学研究与创新能力等方面，而非仅仅关注教案、课件等外在形式。电子档案袋评价应该定期更新和审核，确保档案内容真实、准确、完整，避免出现形式主义的情况。

第三，电子档案袋评价应该加强英语教师的参与，让英语教师了解评价目的、标准和程序，并有机会提供反馈和建议，以提高评价的准确性和有效性，同时，强调评价的多元性。电子档案袋评价应包括英语教师自我评价、同事评价、学生评价、家长评价等多种评价角度，使评价更加全面、公正，避免单一评价角度导致的形式主义。

第四，营造良好的评价氛围。教育行政部门应营造公平、公正、公开的评价氛围，鼓励英语教师真实地记录和反思自己的教学过程，而非为了迎合评价而搞形式主义。

总之，在使用电子档案袋进行英语教师评价时，应注重评价的客观性、多元性、实质性，营造良好的评价氛围，并定期更新和优化评价标准，从而避免形式主义，提高评价的有效性和科学性。

（二）注意提升电子档案袋账户安全系数

提升电子档案袋账户安全系数是非常重要的，因为英语教师的电子档案袋中可能包含许多敏感信息，如个人信息、教学资料、研究成果等。为了确保电子档案袋账户的安全，可以采取以下措施。

（1）设置强密码。要求用户设置长度足够、包含字母、数字和特殊字符的复杂密码，以提高账户的密码安全强度。同时定期更换电子档案袋账户的密码，以降低密码被窃取或破解的风险。

（2）启用双重认证。除了密码外，还可以启用双重认证功能，通过手机验证码、指纹或人脸识别等方式，增加账户的安全性。

（3）限制登录次数。设置账户登录次数限制，如果用户连续多次登录失败，账户将被锁定或暂时禁止登录。

（4）避免在公共场所登录。教师应尽量避免在公共场所（如图书馆、咖啡厅等）登录电子档案袋账户，以免账户信息被他人窃取。

（5）使用安全网络连接。教师在登录电子档案袋账户时，应确保所使用的网络连接是安全的（如家庭网络、学校网络等），避免使用公共Wi-Fi或不安全的网络连接。

（6）定期更新系统。英语教师应定期更新电子档案袋系统，以获取最新的安全补丁和功能优化，提高系统的安全性。

（7）保护个人信息。提醒用户不要在电子档案袋账户中存储过于敏感的个人信息，如身份证号、银行卡号等。

（8）保持软件更新。及时更新电子档案袋系统及相关软件，以确保安全漏洞得到及时修复。

（9）建立安全管理制度。制定电子档案袋账户安全管理制度，明确账户管理责任和操作规范，加强账户安全意识教育。

（10）定期审计。对电子档案袋账户进行定期审计，检查是否存在异常登录、异常操作等情况，及时发现和解决安全问题。

通过以上措施，可以有效提升电子档案袋账户的安全系数，保护教师的个人信息和教学资料的安全。同时，英语教师也应该加强自我保护意识，注意账户安全，避免不必要的损失。

（三）电子档案袋档案管理应注意结合现实需要

在使用电子档案袋进行档案管理时，确实需要注意结合现实需求，以提高档案管理的实用性和有效性。

　　电子档案袋系统的设计应充分考虑英语教师的实际需求，包括界面友好、操作简便、功能齐全等方面，以便英语教师能够轻松上手并充分利用系统功能。英语教师在记录和整理电子档案袋时，应注意根据实际的教学内容和活动进行合理的分类，如按课程、学年、学期等进行归档，以便于查找和管理；确保档案内容真实、准确地反映教学过程和成果，避免虚假、夸大或与实际不符的内容。同时，根据教学活动的进展及时更新电子档案袋，如添加新的教案、课件、学生评价等，确保档案袋内容与教学实际情况保持一致。在使用电子档案袋时，根据实际需求进行档案检索、分析和利用，如查看学生学习成绩、评估教学效果、分享教学经验等。

　　总之，在使用电子档案袋进行档案管理时，应注重结合现实需求，从系统设计、档案分类、档案内容、档案更新和档案利用等方面出发，提高档案管理的实用性和有效性。

第八章　高校英语教师专业化发展支持服务：优化学校措施

　　高校英语教师的专业化发展需要学校予以一定的支持。在学校的各项支持措施中，人事制度是高校英语教师专业化发展的重要保障。通过建立科学的人事制度，可以提高教师的专业素养和实践能力，促进教师的专业成长和发展，同时，学校应该注重人事制度的执行和监督，确保制度的公正性和有效性。校本培训是一种重要的教师在职培训形式，它紧密结合学校工作实践，以提高学校教学质量和办学效益，促进教师专业发展和职业修养为目的。高校英语教师激励机制是指通过一系列政策和措施，激发和调动教师的工作积极性、主动性和创造性，提高教育教学质量。激励机制的建立应遵循公平、公正、公开的原则，充分考虑教师的需求和期望。本章即从人事制度的改革与发展、校本培训课程的推进、激励机制的优化与完善三方面展开分析。

第一节　高校英语教师人事制度的改革与发展

一、高校英语教师任职方式与人事管理制度

（一）高校英语教师的任职方式

高校英语教师的任职方式多种多样，不同方式适用于不同的情况。高校在选择合适的任职方式时，需考虑自身的人才需求、教学计划和财务状况等因素。具体来说，高校英语教师的任职方式主要有以下几种。

（1）公开招聘。高校通过官方渠道发布招聘公告，吸引符合条件的应聘者前来应聘。应聘者须通过简历筛选、笔试、面试等环节，最终被学校聘用的教师。

（2）人才引进。高校为了吸引优秀人才，会采取一系列优惠政策，如提供优厚的待遇、科研经费等，以吸引高层次人才加入。

（3）校内转岗。高校内部教师因工作需要或个人发展原因，可以在校内不同岗位之间转岗。转岗教师须满足新岗位的任职要求并通过相关考核。

（4）兼职聘用。高校为了补充师资力量，会聘请一些兼职教师。兼职教师通常不具备正式编制，但可以根据教学需要灵活聘用。

（5）学术交流。高校与国外高校或研究机构之间进行学术交流，可以聘请外籍英语教师来进行短期或长期的教学活动。

（二）高校英语教师的人事制度

高校英语教师的主要职责包括承担英语课程的教学任务，参与课程建设、教学改革和教学研究，指导学生课外活动，开展科研工作，发表学术论文等。其人事管理制度包括以下几方面的内容。

（1）招聘与选拔制度。高校按照人员需求和岗位要求进行招聘与选拔工

作，对外公开招聘，通过面试、考试等方式选拔合适的人才。一般来说，高校英语教师需要具备硕士研究生及以上学历，专业方向为英语语言文学、应用语言学、翻译等，部分高校也会招聘优秀的本科毕业生担任助教或辅导员。招聘过程要求公正、透明，杜绝任人唯亲、任人唯资的情况出现。

（2）聘任与绩效评估制度。高校根据教师的职称、专业背景、教学水平等进行聘任，通过聘任制度激励和考核优秀教师。聘任制分为固定期限和无固定期限两种。教师在聘期内需要完成一定的教学、科研任务，聘期结束后根据业绩进行续聘或解聘。同时，建立科学的绩效评估机制，对教师的教学、科研、社会服务等方面进行评估和奖惩，激励教师提高专业能力和教学水平。

（3）岗位聘任制度。高校按照专业领域需求，对具备一定学术造诣和教学能力的人员进行招聘。招聘方式通常包括公开竞聘、推荐聘任和特殊人才引进等。招聘过程中要公平、公正、公开，择优录用。新招聘的教师通常要经过一段试用期，以评估和调整教师的岗位适宜性。

（4）职务晋升制度。高校根据教师在教学、科研和社会服务等方面的表现，提供晋升机会。教师职务晋升的标准主要包括学术成果、教学工作量、科研项目等。高校英语教师的职业发展主要有两条路径：一是专业技术职务晋升，即从助教晋升为讲师、副教授和教授；二是管理职务晋升，即担任学院或部门的行政管理工作。

（5）职称评定机制。高校根据教职工的工作年限、学历、学术研究成果和教学质量等指标，评定其职称等级，以鼓励和激励教职工加强学习和研究工作，提高自身能力水平，促进高校教学和科研的发展。高校英语教师的职称评定通常分为助教、讲师、副教授和教授四个级别。教师需要根据自身学历、工作年限和业绩进行职称评定，评定结果将影响薪酬和职业发展。

（6）教育职员制度。高等学校的管理人员实行教育职员制度，教育职员实行聘任制。专业技术职务聘任工作要理顺评审与聘任的关系，淡化"身份"评审，强化岗位聘任。

二、高校英语教师人事制度存在的问题

（一）评价机制不合理

教师评价是教育体系中重要的环节，有助于衡量教师的教学效果，提升教学质量，促进教师和学生的共同成长。教师评价的目的不仅仅是鉴定教师的教学水平，更重要的是通过评价，发现问题，及时反馈，改进教学。然而，目前高校英语教师的评价机制还不够合理，主要体现在以下几个方面。

1. 过于注重科研成果，忽视学生反馈

很多高校在评价英语教师时，过于注重科研成果，如论文发表、课题承担等，这导致一些英语教师过于追求科研而忽视教学工作，影响了教学质量。同时，这种评价方式不能全面反映英语教师的实际教学水平和个人能力。学生作为接受教育的主体，对英语教师的教学质量和效果有最直接的感受，然而很多高校在评价英语教师时，忽视了学生反馈这一重要因素，没有建立有效的学生评价机制。

2. 评价标准不清晰，职称评定不公平

一些高校在评价英语教师时，没有明确的标准和细则，导致评价过程主观性和随意性较大。职称评定制度在一定程度上存在论资排辈的现象，使部分年轻英语教师难以获得公平的评价。此外，职称评定标准过于统一，未能充分考虑不同英语教师的个人特点和实际贡献。这使得英语教师难以明确自己的发展方向，也影响了评价的公正性和有效性。

3. 考核周期过短，缺乏动态评价

现有的评价制度往往以年度或聘期为单位进行考核，这种短期考核可能导致英语教师过于关注短期业绩，忽视了长期的教学和科研积累，不利于英语教师的长期发展。现有的高校英语教师评价制度也大多为静态评价，即在一个固定的时间点对英语教师进行评估。这种评价方式不能全面反映英语教师在整个教学过程中的表现和成长，缺乏动态性和发展性。

（二）职称晋升困难

随着高校英语教师队伍的不断扩大，英语教师之间的竞争压力也在不断加大，这使得很多英语教师在职称晋升过程中面临较大的压力和挑战。高校英语教师的职称晋升通常对科研成果有较高要求，英语教师需要发表一定数量的论文、承担课题等，才能达到晋升条件。这对于一些专注于教学的英语教师来说是一个较大的挑战，加之在很多高校中，职称名额有限，导致很多符合条件的英语教师无法顺利晋升。这种情况下，即使英语教师的教学、科研和社会服务业绩突出，也可能因为名额问题而无法晋升。

此外，英语教师的个人发展存在差异，部分英语教师可能在教学、科研等方面的成长速度较慢，同时缺乏职称晋升方面的指导与支持，不知道如何提高自己的学术水平和成果质量，这使得他们在晋升过程中处于不利地位。

（三）激励机制不健全

高校对于英语教师的激励机制不够完善，不能有效地激发英语教师的工作积极性和创新精神，一些英语教师缺乏竞争意识和自我提升的动力。例如，现有的激励机制往往只关注薪酬、职称等方面的激励，而忽视了英语教师的职业发展、培训和成长等方面的需要。这种单一的激励措施可能无法充分激发英语教师的工作积极性和创新能力。在部分高校中，英语教师的职业发展机会有限，英语教师的个人成长和职业晋升困难。这也可能导致英语教师的工作积极性和创新能力受到抑制，影响英语教师的教学和科研水平。

（四）阻碍英语教师的专业发展

英语教师专业发展是英语教师在职业生涯中不断成长和提升的过程，然而在实际工作中，许多因素阻碍了英语教师的专业发展。目前，一些高校英语教师的教育和培训体系不够完善，缺乏系统的培训计划和课程，导致英语教师的专业素养和教学能力得不到有效提升。部分高校英语教师缺乏学术研究精神，没有开展科研工作的机会和条件，导致英语教师的学术水平和创新能力得不到提高。加之高校英语教师的教学任务繁重，很难有足够的时间和精力进行学术研究和自我提升，导致英语教师的专业发展受限。此外，一些高校的管理制度僵化，缺乏灵活性和人性化，对英语教师的学术研究和教学活动存在过度干预，限制了英语教师的学术自由和创新能力，导致英语教师的工作积极性和创新能力受到影响，从而阻碍英语教师的专业发展。

（五）人才流失严重

高校英语教师承担着繁重的教学、科研和社会服务任务，工作压力较大，再加上一些高校对于英语教师的重视程度不够，英语教师的工作环境不佳，如教学设施不完善、管理不规范等，这使一些英语教师感到不满，选择离开高校。

为了解决这些问题，高校需要进一步完善英语教师人事制度，建立科学、合理的评价和激励机制，提高英语教师的职业发展机会和福利待遇，为优秀英语教师提供更好的发展空间，同时，加强信息管理和编制建设也是必要的措施。

三、高校英语教师人事制度改革需要考虑的因素

（一）高校英语教学与科研关系

高校英语教学与科研关系的割裂是一个比较普遍的问题。一些高校英语教师过于注重教学，忽略了科研的重要性，导致教学与科研的分离。一方面，一些英语教师认为教学是自己的主要职责，科研只是辅助性的工作，因此对科研不够重视。他们认为只要把教学做好，就能得到学生的认可和好评，从而忽略了科研对教学的促进作用。另一方面，一些英语教师虽然意识到科研的重要性，但由于各种原因（如工作压力、缺乏研究资源等）而无法

真正投入时间和精力进行科研工作。这导致他们的教学缺乏创新和深度，无法与学科前沿接轨。

这种教学与科研的割裂不仅影响了英语教师的个人职业发展，也影响了学生的学习效果和学术能力。科研与教学是"源"与"水"的关系，两者没有谁重要谁不重要的问题，两者是相辅相成的。需要有机制保证英语教师能在教学角色和科研角色之间来回切换，教学科研两手同时抓。

因此，高校应该采取措施，促进英语教学与科研的有机结合。例如，可以提供科研支持、建立教学与科研相结合的课程体系、鼓励英语教师参与学术交流等。英语教师自身也应该树立正确的观念，充分认识到科研对教学的促进作用，努力将教学与科研相结合，提高教学质量和学术水平。只有这样，才能更好地促进高校英语教育的发展。

（二）高校英语教师队伍的稳定和流动的博弈

高校英语教师队伍稳定和流动的博弈涉及多个方面的因素：一方面，高校需要保持英语教师的稳定性，以确保教学质量和学术研究的持续性和稳定性；另一方面，英语教师的合理流动也有利于提高英语教师队伍的整体素质和教学水平，同时也有助于缓解高校之间人才竞争的压力。然而，在实际操作中，高校英语教师队伍稳定和流动的博弈往往存在一些问题：一方面，一些高校过于强调英语教师的稳定性，限制了英语教师的流动和学术交流，导致英语教师队伍缺乏活力和创新；另一方面，一些高校过于强调英语教师的流动，导致英语教师队伍的不稳定和教学质量的下降。

在市场竞争的环境下，高校需要在保证英语教师队伍稳定性的同时，允许一定程度的英语教师流动。高校英语教师队伍的稳定与流动是一个动态平衡的过程。高校需要在实践中不断探索，找到一个既能保障教育质量，又能适应市场竞争的平衡点。这个平衡点要求高校在制定相关政策时，既要考虑到学校的发展利益，也要关注英语教师的个人发展需求。

（三）高校存量人才与增量人才的平衡

存量人才通常是指高校现有的教师队伍，他们在学校长期工作，具有丰富的教学和科研经验；增量人才则指新引进的教师，他们可能具有较高的学术水平和创新潜力，能够为学校带来新的学术思想和研究方向。高校存量人才与增量人才的较量，涉及学校的发展战略、教师队伍的结构以及教育资源的配置等多个方面。存量人才与增量人才的平衡需要考虑多个方面的问题。

（1）人才引进的平衡问题。高校在引进新的人才时，需要平衡好存量人才和增量人才的关系。如果大量引进增量人才，可能会对存量人才造成冲击，导致内部竞争加剧，甚至可能挤压存量人才的晋升空间。

（2）资源的竞争。增量人才的加入可能会带来新的资源和机会，但同时也可能加剧校内资源的竞争。增量人才可能会获得更多的资源和支持，而存量人才则可能面临更大的竞争压力。

（3）薪酬待遇的差异。由于增量人才的学术背景、工作经历等可能更加优秀，一些高校为了吸引增量人才，可能会给予他们更高的薪酬待遇。这可能导致存量人才感到不公平，影响他们的工作积极性和稳定性。

（4）学术规范的差异。增量人才和存量人才在学术规范和风格上可能存在差异。如果高校不能很好地协调两者之间的关系，可能会导致学术规范的不统一，影响学术研究的连贯性和质量。

（四）高校学术规范与自由的关系

学术规范是指在学术活动中应遵循的规则和标准，包括研究伦理、学术道德、知识产权等方面的要求；学术自由则指学者在追求真理的过程中，不受外界不合理因素干扰和影响的权利，包括研究自由、教学自由和学术自由。高校学术规范与自由涉及学术研究的道德伦理、学术环境的优化以及学术成果的评价等多个方面。

学术规范的优势在于维护学术秩序、保障学术质量以及保护知识产权等方面，而学术自由则有利于激发学者的创新思维，推动学术研究的多元化和开放性。两者各有优势，需要在实际工作中相互配合，共同推动学术的发展：一方面，严格的学术规范是必要的，它能够保证学术研究的严谨性和公正性，防止学术不端行为的发生；但另一方面，过度的规范可能会限制研究者的创新性和探索精神，束缚他们的学术活动。理想的状态是在遵循学术规范的基础上，充分尊重和保护研究者的学术自由。这需要高校管理者、教师和学生共同努力，明确学术规范，尊重学术自由，推动高校学术活动的健康发展。同时，随着学术环境的变化，学术规范和自由也需要不断地调整和优化。

（五）高校综合保障与激励的相互配合

综合保障是指高校为教师提供的基本工作条件、福利待遇以及职业发展机会等方面的保障；激励则指通过各种手段激发教师的工作积极性、创造力和责任感，以提高工作效率和成果。综合保障的优势在于为教师提供稳定的工作环境和基本待遇，使其能够安心从事教学和科研工作，而激励则有利于激发教师的创新思维，推动教师在教学和科研方面取得更高的成就。两者各有优势，需要在实际工作中相互配合，共同推动学校的发展。

高校综合保障与激励可能涉及多个方面的因素，以下是一些可能的原因。

（1）资源配置不合理。高校在资源配置方面可能存在不合理的情况，如经费不足、资源浪费等，导致综合保障和激励无法得到有效实施。

（2）管理体制不健全。高校的管理体制可能存在缺陷，如缺乏有效的考核和激励机制、管理混乱等，导致教职工的积极性和创造力无法得到充分发挥。

（3）学科发展不平衡。高校的学科发展可能存在不平衡的情况，一些学科可能因为资源丰富而得到更好的发展，而其他学科则可能因为资源匮乏而面临困境。这种不平衡可能导致教职工的积极性和创造力受到影响。

四、高校英语教师人事制度改革的出路

（一）健全高校英语教师准入制度

为了提高高校英语教育质量，确保英语教师具备足够的教学能力和专业素养，需要建立并完善高校英语教师准入制度。以下是一些建议。

第一，学历要求。应要求申请者具备相关英语教育专业或英语专业的硕士及以上学历，以确保申请者具备足够的英语知识和教学理论知识。

第二，教学经验。应要求申请者至少有一年的英语教学经验，或者有在英语国家留学或教学的经历，以证明其具备实际的教学经验和能力。鼓励教师参加国内外教学研讨会、交流活动，以提高教学技能和教育理念。

第三，语言能力。应要求申请者具备流利的英语口语和书写能力，能够用英语进行课堂教学和与学生交流。同时，申请者还应具备良好的中文表达能力，能够用中文进行课堂管理和与学生沟通。鼓励英语教师参加国内外专业认证考试，如剑桥英语教学能力证书（CELTA）、托福教师认证（TOEFL iBT® Teacher Certification）等，以提高教学水平和国际视野。

第四，教师资格证。应要求申请者持有有效的教师资格证，或者通过相关的教师资格考试，以证明其具备从事英语教学工作的资格。

第五，职业道德。应重视申请者的职业道德和师德师风，要求申请者遵守教师职业道德规范，热爱教育事业、尊重学生、关爱学生、严谨治学、为人师表、教书育人，树立良好的师德风范。

第六，培训与评估。为英语教师提供多层次、多形式的培训机会，如岗前培训、在职培训、国际交流等。鼓励教师进行学术研究、发表论文，促进个人专业发展，并进行定期的教学评估。通过培训和评估，帮助新教师快速适应教学工作，提高教学水平。

第七，招聘与选拔。应建立公平、公正、透明的招聘和选拔机制，确保优秀的英语教师能够脱颖而出，同时，应重视应聘者的综合素质和多元化背景，以促进教师队伍的多样性和包容性。设定明确的资格要求，高校英语教师应具备扎实的英语语言基础、丰富的专业知识和良好的教育背景，至少应

拥有英语专业本科学历，具备良好的英语听说读写能力，以及一定的第二外语能力。

总之，高校英语教师准入制度是提高高校英语教育质量的重要保障。通过建立完善的准入制度，可以确保高校英语教师具备足够的教学能力和专业素养，为高校英语教育事业的发展提供有力支持。

（二）优化高校英语教师总量结构

优化高校英语教师总量结构是提高英语教学质量的关键。可以从以下几个方面入手。

1. 合理规划英语教师数量

根据学校规模、专业设置和学生需求，合理规划高校英语教师的数量，确保英语教师数量与学生需求相匹配，避免英语教师数量过多或过少的情况。同时，确保每个班级的英语教师数量充足，以保证教学质量。

2. 优化英语教师队伍结构

在英语教师队伍中，应合理配置不同年龄、性别、学历、职称和教学经验等背景的英语教师，以提高英语教师队伍的整体素质和教学水平。

（1）年龄结构优化。建立合理的年龄结构，形成老、中、青相结合的英语教师队伍。充分发挥老英语教师的"传帮带"作用，鼓励中青年英语教师积极进取，不断提高教学水平。

（2）学院结构优化。招聘不同学历背景、学术背景的英语教师，增加英语教师队伍的多样性。鼓励英语教师跨学科研究，促进英语教学与其他学科的融合。

（3）职称结构优化。合理配置不同职称的英语教师，确保高、中、初级职称英语教师的比例相对均衡。鼓励英语教师参加职称评审，提高英语教师的专业水平。

（4）性别结构优化。关注性别平衡，确保男女英语教师比例相对均衡。不同性别英语教师在教学中各有优势，合理配置可以提高教学效果。

同时，应注重引进具有国际背景和跨学科背景的优秀英语教师，以促进英语教育与国际接轨和跨学科融合。

3.加强校企合作与产学研结合

通过加强高校与企业的合作，为英语教师提供更多的实践教学和科研机会，促进英语教师的产学研结合，提高英语教师的创新能力和应用能力。

综上所述，优化高校英语教师总量结构需要从多个方面入手。通过这些措施的实施，可以有效地提高高校英语教师的整体素质和教学水平，为高校英语教育事业的发展提供有力支持。

（三）深化高校英语教师职称制度改革

深化高校英语教师职称制度改革，可以从以下几个方面入手。

第一，下放职称评审权。将高校英语教师职称评审权直接下放至高校，由高校自主制定英语教师职称评审办法、操作方案等评审文件，自主组织评审、按岗聘用。这样能够更好地适应高校英语教师队伍的实际需求，提高职称评审的针对性和有效性。

第二，完善评价标准。建立科学合理的高校英语教师职称评价标准，注重教育教学能力和业绩的评价，推行代表性成果评价，克服唯论文、唯"帽子"、唯学历、唯奖项、唯项目等倾向。根据英语教师的不同岗位和职责，实行分类评价。例如，对于主要从事教学工作的英语教师，重点评价其教学能力和成果；对于从事教学和科研工作的英语教师，综合评价其教学、科研和社会服务成果。同时，应将英语教师的师德师风、教学水平、学术成果、社会服务等方面纳入评价范围，全面客观地评价英语教师的综合素质和价值。

第三，创新评价机制。结合学校特点和办学类型，针对不同类型、不同层次英语教师，实行分类分层评价。完善同行专家评议机制，健全完善外部专家评审制度，探索引入第三方机构进行独立评价，同时，建立重点人才绿色通道，激发人才活力，促进优秀英语教师的脱颖而出。

第四，落实自主评审。高校应加强对英语教师职称评审工作的监管和服务，优化服务流程，为英语教师提供便捷的职称评审服务。同时，应加强对院系的指导和监管，确保院系将符合条件的英语教师向上一级评审组织推荐。有条件的高校还可探索实行英语教师职务聘任改革，设置助理教授等职务，进一步激发英语教师的积极性和创造性。

第五，优化思想政治工作评审。加强对英语教师的思想政治教育和师德师风建设，引导英语教师树立正确的价值观和教育观，为学生的全面发展负责。

第六，强调评聘结合。高校英语教师职称评审应实行评聘结合，确保评审通过的英语教师能够得到合理的聘用和待遇。高校应根据自身的实际情况和发展需要，合理设置英语教师的岗位类型和岗位等级，建立科学的岗位管理制度。同时，应加强聘期考核和绩效管理，建立完善的退出机制，实现人员能上能下、能进能出。

总之，深化高校英语教师职称制度改革是提高高校英语教育质量的重要举措之一。通过上述措施的实施，可以进一步激发高校英语教师的积极性和创造性，提高英语教师的整体素质和教学水平，为高校英语教育事业的发展提供有力支持。

（四）完善高校英语教师岗位聘任制度

完善高校英语教师岗位聘任制度是激发英语教师积极性、提高教学质量的重要举措。以下是一些建议。

第一，制定明确的聘任标准。高校应根据自身的实际情况和英语学科的特点，制定明确的英语教师岗位聘任标准。标准应包括学历、教学经验、教学能力、学术成果、师德师风等方面的要求，以确保聘任的英语教师具备较高的专业素养和教学水平。

第二，建立规范的聘任程序。高校应建立规范的英语教师岗位聘任程序，包括发布招聘信息、应聘者报名、资格审查、面试考核、试讲等环节。在聘任过程中，应遵循公开、公平、公正的原则，确保聘任工作的透明度和公正性。

第三，聘任合同的规范性。制定明确的聘任合同，规定双方的权利和义务、聘期、考核标准等，确保聘任制度的规范性。

第四，实施定期的岗位评估。高校应建立完善的英语教师岗位评估制度，定期对英语教师的教学质量、学术成果、社会服务等方面进行评估。评估结果应作为英语教师聘任、晋升、薪酬等方面的依据，激励英语教师不断提高自身的专业水平和教学能力。

第五，推行岗位分级管理。高校可以根据英语教师的专业素养和教学水平，推行岗位分级管理制度。根据英语教师的实际能力和表现，将英语教师岗位分为不同级别，不同级别的岗位享有不同的待遇和发展机会。通过岗位分级管理，激发英语教师的积极性和创造力。

第六，建立有效的激励机制。高校应建立有效的英语教师激励机制，通过设立教学优秀奖、科研成果奖、社会服务奖等形式，表彰在教学、科研、社会服务等方面表现突出的英语教师。同时，可以将英语教师的奖励情况与岗位晋升、薪酬等方面挂钩，激励英语教师不断提高自身的专业水平和教学能力。

第七，建立合理的退出机制。高校应建立合理的英语教师退出机制，对于在教学质量、学术成果、师德师风等方面表现较差的英语教师，可以采取缓聘、解聘等措施进行处理。退出机制的建立可以促进英语教师之间的竞争和激励机制的完善。逐步取消职称"终身制"，实行定期考核和动态调整，激励英语教师不断提高教学水平和专业素养。

第二节 高校英语教师校本培训课程的推进

英语教师这个职业是一个需要不断发展的职业。随着社会的发展与变化，它的专业知识、专业能力、专业态度和专业信念都要不断地更新。这就使得英语教师的职后培训显得异常重要。

一、校本培训概述

（一）校本培训的内涵

校本培训是指以学校为单位，面向教师的学习方式，内容以学校的需求和教学方针为中心，目的是提高教师的业务水平和教育教学能力。校本课程是一种新的课程领域，基于学生的直接体验，密切联系学生自身生活和社会生活，体验对知识综合运用的课程。它的基本学习方式是探究学习。[①]

校本培训最早在1999年我国教育部《关于实施中小学教师继续教育工程的意见》中提出，强调学校作为教师专业发展的主要基地，要求各中小学制定本校教师培训计划，建立教师培训档案，组织多种形式的校本培训。

校本培训具有以下特点。

（1）以学校为本位。校本培训以学校为培训的主体和基地，强调学校在教师专业发展中的主导作用。

（2）针对性与实践性。校本培训针对学校和教师的具体需求，注重解决实际问题，具有很强的针对性和实践性。

（3）多样性与灵活性。校本培训形式多样，包括专题讲座、教学研讨、案例分析、合作学习等，可以根据学校和教师的实际需求灵活调整。

（4）互动与合作。校本培训强调教师之间的互动与合作，通过集体研讨、同伴互助等方式，促进教师共同成长。

（5）评价与反思。校本培训注重过程评价和结果评价，鼓励教师对培训过程进行反思，以增强培训效果。

（6）校本培训的内容主要包括教育教学理论、课程改革、教学方法与技能、教育科研方法、教育法规与政策、师德师风等方面。通过校本培训，有助于提高教师的专业素养，提升教育教学质量。

校本培训和校外培训都是教师在职培训的形式，旨在提高教师的专业素养和教育教学能力，然而两者在许多方面都存在明显区别。

---

① 李君玉.校本培训：教师专业发展的优质平台[J].中国校外教育·高教，2011（6）：1+36.

表8-1　校本培训和校外培训的区别

项目	校本培训	校外培训
培训理念	校本培训强调将培训放到学校中，渗透到真实的教学情境中，使教师培训基层化、全程化	校外培训通常提倡让教师回到大学等培训机构接受继续教育
培训主体	校本培训中，中小学是培训的发起者和组织者	校外培训的主体通常为大学、进修学校、教育学院等
培训内容和方式	校本培训的内容通常以学校的需求和教学方针为中心，更贴近实际教学情境，同时强调探究学习	校外培训的内容和方式可能更加系统化、理论化
培训时间和灵活性	校本培训通常在教师的工作时间内进行，与教学同步，日程和内容通常更加贴近学校的需求和实际情况，可以根据需要灵活调整	校外培训可能需要教师牺牲部分休息或假期时间，日程和内容相对固定
培训效果	校本培训的效果通常更加直接和明显，因为其与教学紧密结合，可以在教学中直接应用所学内容	校外培训的效果可能需要一段时间才能在教师的教学中体现出来

（二）校本培训的价值

校本培训的价值体现在以下几个方面。

1.创立一种学习、思想和关怀的共同体

校本培训可以帮助教师形成一个学习共同体。在这个共同体中，教师可以共同学习、交流和分享教学经验和教学方法，互相促进，共同成长。通过校本培训，教师可以接触到最新的教育理念和教学方法，不断更新自己的知识体系，提高教学水平。

校本培训还可以帮助教师形成一个思想共同体。在这个共同体中，教师可以共同探讨教育问题、分享教育理念和价值观，形成共同的教育追求。通过校本培训，教师可以了解不同的教育思想和观念，拓宽自己的教育视野，增强自己的教育思维能力。

校本培训也可以帮助教师形成一个关怀共同体。在这个共同体中，教师可以互相关心、支持和帮助，共同应对教育挑战和问题。通过校本培训，教师可以增强自己的团队协作能力和人际交往能力，提高自己的社会责任感和职业道德水平。

综上所述，校本培训可以通过创立学习、思想和关怀的共同体，促进教师的专业发展和教育教学能力的提高，同时也可以增强教师的社会责任感和职业道德水平。要促成这样一个共同体的建成，需要做出如下努力。

（1）确立一个明确的共同目标，使成员能够围绕这个目标共同努力，形成凝聚力。这个目标可以是学术研究、技能提升、解决实际问题等。

（2）定期组织交流活动，鼓励成员分享自己的学习成果、思考心得和生活体验。通过交流与分享，激发思考，促进共同成长。

（3）鼓励成员之间的合作，形成互助、协作的氛围。可以通过小组研讨、项目合作等方式，促进成员之间的相互支持。

（4）关注成员的情感需求，鼓励成员关心他人，形成一个充满关爱的共同体。可以通过组织集体活动、提供心理支持等方式，满足成员的情感需求。

（5）为成员提供学习资源、技术支持等多方面的帮助，确保成员能够在共同体中得到充分的发展。

（6）鼓励成员发挥自己的领导力，承担一定的责任，促进共同体的健康发展。

（7）欢迎新成员加入，鼓励成员邀请志同道合的朋友共同参与。保持共同体的开放性，有助于引入新的思想和资源，促进共同体的活力。

2. 形成一种新的评估观念

校本培训确实可以形成一种新的评估观念，即"过程导向、反思改进、以人为本"的评估观念。这种观念强调对教师的全面评估，而不仅仅是基于学生的考试成绩。

校本培训关注培训过程的评估，而非仅仅关注培训结果。通过对培训过程的跟踪和分析，及时发现问题，调整培训策略，增强培训效果。通过测试、作品展示、教学实践等方式，评价教师在培训后的知识、技能、观念等方面的变化，检验培训效果。基于评估结果，为教师提供具体的反馈和建议，帮助他们识别并改善自己的不足，同时也为学校管理层提供有关教师队伍整体表现的数据和分析，帮助他们制定更有效的教师发展策略，关注教师的个性化需求和发展，而非仅仅关注培训的共性要求。通过对教师个体差异的了解和尊重，制订符合教师实际需求的培训方案，促进教师的个性化发展。除了专业能力和表现，教师的心理健康和工作生活平衡也被纳入评估范围。这种评估观念认为教师的心理健康对其教学质量有直接影响。

根据校本培训的评估观念特点，可以采用如下评估方式。

（1）综合性评估。除了学生的考试成绩，教师的工作态度、团队合作、创新能力、课程开发能力、技术应用能力等都被纳入评估范围。这种评估方式更全面地反映了教师的实际工作表现。

（2）发展性评估。新的评估观念着眼于教师的专业发展，而不仅仅是对其进行考核或评级。通过评估，帮助教师识别自己的优势和不足，为其提供有针对性的培训和发展计划。

（3）过程性评估。这种评估观念重视对教师工作过程的评估，而不仅仅是基于结果。通过观察、访谈、问卷调查等方式，了解教师在培训过程中的参与度、学习态度、合作精神等方面的表现，及时发现问题，调整培训策略。例如，对教师在课堂管理、学生互动、教学方法等方面的表现进行持续观察和反馈。

（4）自我评估与同行评估相结合。鼓励教师进行自我反思和自我评价，同时也重视同行之间的相互评估。这种方式有助于建立一个更加开放和公正的评价环境。

通过这种新的评估观念，校本培训不仅提高了教师的专业素养和教学能力，还为教师创造了一个更加开放、公正和有利的发展环境。这有助于提高教师的教学质量，促进学校的整体发展。

3.改变教师教育者的角色

校本培训确实可以改变教师或教育者的角色，以下是一些可能的改变。

（1）从主导者到引导者。传统的教师或教育者通常是知识的传递者，他们在培训中占据主导地位，但在校本培训中，教师或教育者的角色转变为引导者，他们需要主动关注教师的实际需求和发展趋势，引领教师开展有针对性的学习和实践，而非仅仅被动应对问题。

（2）从理论到实践。传统的教师或教育者可能更侧重于理论教学，而校本培训则强调教学实践。教师或教育者需要与教师一起深入课堂，了解真实的教学情境，提供针对性的指导和建议。

（3）从孤立到合作。在校本培训中，教师或教育者不再是孤立的培训者，而是与教师形成一个合作团队，他们共同探讨问题、分享经验，并一起寻找解决方案。

（4）从短期到长期。传统的教师或教育者可能更关注短期的培训效果，而校本培训则更加注重教师的长期发展。教师或教育者需要与教师建立长期的合作关系，为其提供持续的支持和指导。

（5）从单一到多元。在校本培训中，教师或教育者的角色也变得更加多元化。他们不仅是教学技能的指导者，也可能是学校文化的传播者、教师团队的建设者等。

这些角色的转变意味着教师或教育者在校本培训中需要具备更多的能力，如引导能力、实践能力、合作能力、长期发展思维和多元角色扮演等。同时，这也为教师或教育者提供了更多的机会与教师进行深入的合作和交流，更好地促进教师的专业发展。

二、高校英语教师校本培训存在的问题

高校英语教师校本培训在实施过程中可能存在以下问题。

（1）需求分析不足。在开展校本培训前，未能充分调查和分析英语教师的实际需求，部分高校对校本培训的目的认识不清，导致培训工作缺乏针对性，培训内容与实际需求脱节，培训效果不佳。

（2）培训形式单一。培训形式过于单一，主要依赖于传统的讲座、报告等形式，缺乏实践性和互动性，难以激发英语教师的学习兴趣和积极性。

（3）培训资源不足。在培训资源方面，可能存在培训师水平不高、教材质量较差、设备和场地不充足等问题，影响培训的有效实施。

（4）评估与反馈缺失。在培训过程中，缺乏对英语教师学习情况的评估

和反馈，未能及时发现问题并进行调整，也未能对培训效果进行有效评价。

（5）与教育教学实践脱节。部分培训内容过于理论化，未能与教育教学实践紧密结合，缺乏实际应用价值，英语教师在培训中学到的知识和技能难以运用到实际教学中，影响培训的实际效果。

（6）缺乏个性化支持。未能关注英语教师的个体差异，提供个性化的培训支持，导致部分英语教师的需求未能得到满足，影响其发展。

（7）管理机制不健全。在培训管理方面，可能存在制度不健全、激励机制不完善等问题，影响英语教师参与培训的积极性和培训效果。

三、高校英语教师校本培训开展的支持与保障

校本培训是一种以学校为单位，面向教师的继续教育形式，其目标是提高教师的教学水平和专业素养。为了确保校本培训的有效实施，需要各方面的支持，具体如下。

（一）政策支持与制度保障

教育行政管理部门应制定相应的政策，鼓励和支持校本培训的开展，为校本培训提供政策保障。学校也应该建立完善的校本培训管理制度，包括培训计划、实施方案、考核标准等。同时，应该建立教师参与培训的激励机制，鼓励英语教师积极参与培训活动。

（二）领导重视与组建团队

校本培训的顺利开展需要得到学校领导的支持和重视。校长应该关注英语教师的专业成长，积极推动培训工作的开展，为英语教师提供学习和发展的机会。学校应该组建专门的校本培训团队，负责培训的策划、组织、实施和评估等工作，确保培训的顺利进行。团队成员应该具备较高的专业素养和

组织能力，能够为英语教师提供优质的培训服务。

（三）经费投入与资源支持

校本培训的开展需要一定的经费支持，包括培训费用、教材费用、设备购置费用等，用于购买培训材料、支付培训费用等，确保培训的顺利实施。学校应该设立专门的培训经费，确保培训工作的正常开展。

学校也应该提供必要的培训资源，如培训场地、教学设备、培训师、教材、场地、图书资料等。选择优秀的培训师，编写高质量的教材，提供先进的设备和充足的场地支持。同时，应该积极利用互联网资源，为英语教师提供多样化的学习方式。

（四）技术、学习氛围与个性化支持

首先，利用现代教育技术，如网络学习平台、多媒体技术等，为校本培训提供技术支持，丰富培训形式，增强培训效果；其次，营造浓厚的学习氛围，鼓励英语教师积极参与校本培训，形成良好的学习风气，促进英语教师的专业发展；最后，关注英语教师的个体差异，提供个性化的培训支持，满足不同英语教师的需求，促进英语教师的个性化发展。

（五）重视考核与反馈

学校应该建立完善的考核与反馈机制，对校本培训的效果进行评估和反馈，收集英语教师的反馈意见，不断改进培训方案。同时，应该根据评估结果及时调整培训计划和方案，确保培训工作的持续改进。

总之，校本培训的有效实施需要各方面的支持和配合，这样有助于提高校本培训的有效性和针对性，促进英语教师的专业成长。学校应努力争取和利用各方面的支持，为校本培训的顺利实施创造良好的条件。

四、高校英语教师校本培训的具体途径

（一）校企合作途径

校企合作是一种将学校与企业资源相结合，共同培养人才的模式。它通过学校与企业的紧密合作，实现资源共享、优势互补，提高人才培养质量和教师的实践能力。

校企合作可以将企业的实际需求引入教学过程，使人才培养更加符合市场需求，提高毕业生的就业竞争力。通过与企业的合作，教师可以了解实际工作环境和需求，提高自身的实践能力和创新能力。校企合作为学生提供实习实训机会，使学生在实际工作中学习和积累经验，提高实践能力和就业竞争力。校企合作也可以推动科研成果向实际生产力转化，为企业技术创新提供支持，促进经济社会发展。

高校英语教师校企合作是一种有益的培训方式，有助于提高英语教师的专业素养和实践能力。以下是一些校企合作的方式。

（1）共同制定培训计划。高校可以与企业合作，共同制定英语教师的培训计划。根据英语教师的需求和企业对英语能力的具体要求，制订具有针对性的培训方案。

（2）实践经验分享。高校英语教师可以深入企业，了解企业对于英语的具体需求和使用情境，增加实践经验。同时，企业也可以派出具有丰富英语经验的专业人员到学校进行分享交流。

（3）合作开展实践教学。高校可以与企业合作，为英语教师和学生提供实践教学的机会。英语教师可以深入企业，了解实际的工作流程和行业动态，提高自己的实践能力。学校与企业合作共建实践基地，可以为英语教师提供实践锻炼的机会，使英语教师能够在实际工作中学习和积累经验，提高实践能力。

（4）资源共享。高校和企业可以共享资源，如教材、教学软件、在线课程等，通过资源共享，英语教师可以获得更多的教学资源，提高教学质量。学校与企业建立信息资源共享机制，英语教师也可以了解企业最新的技术和

市场动态，提高教育教学的针对性。

（5）互派人员交流。高校可以与企业互派人员进行交流学习。高校英语教师可以到企业学习实践经验，了解行业动态；企业人员可以到高校学习教学方法和理论知识，提高自己的教学能力。通过双向交流，校企双方共同探讨人才培养方案。

（6）组织学术交流活动。高校可以与企业合作，组织学术交流活动，邀请行业专家、学者和英语教师共同探讨英语教学的发展趋势和实践经验。邀请从事英语翻译、口译、商务英语等领域的企业专家为英语教师提供专题讲座、实践指导等，将企业的实际需求和实践经验引入校园，提高培训的针对性和实践性。通过学术交流，可以拓宽英语教师的视野，提高教学质量。

（7）合作开展研究。高校和企业可以合作开展与英语相关的研究项目，共同探索英语教学的新方法、新模式和新理论。通过合作研究，可以提高英语教师的学术水平和创新能力。

①学校与企业合作开展科研项目、教学改革项目等，英语教师在项目实施过程中学习和掌握新技术、新方法，提高创新能力。

②学校与企业合作开发实践教材，将企业的实际案例和经验引入教材，提高教材的实践性和针对性。例如，可以与翻译公司合作开发翻译实践教材，与外贸公司合作开发商务英语实践教材等。

③学校与企业合作开展学生实习实训项目，英语教师在实习实训过程中了解企业实际需求，提高实践教学水平。例如，可以与翻译公司、外贸公司等合作开展实习实训项目。

通过以上途径，高校英语教师校企合作可以实现资源共享、优势互补，提高英语教师的实践能力和创新能力，促进人才培养质量的提高。学校应积极寻求与企业的合作机会，创新校企合作模式，为英语教师专业发展提供有力支持。

（二）校本督导途径

1. 校本督导的内容

校本督导虽然是学校成员参与的自主过程，但所涉及的层面却不只学校内部。校本督导途径主要涉及如下几个层面。

教师层面。督导教师的培训计划、目标、内容、方法、过程、效果、成果应用以及总结反思等方面，关注教师的个人发展需求和实际效果。

学校层面。督导学校关于校本培训的相关制度、政策、经费、资源等方面的落实情况，确保学校为教师提供良好的培训环境和支持。

学科层面。督导英语学科在校本培训中的特色和优势，关注英语教师在教学、科研、实践等方面的能力提升。

教育层面。督导校本培训对提高英语教师教育教学水平、培养高质量人才的作用和效果。

社会层面。督导校本培训对英语教师服务社会、参与国内外学术交流与合作等方面的影响和贡献。

高校英语教师校本培训的督导内容主要包括以下几个方面。

（1）培训目标。确保培训目标明确，符合高校英语教师的实际需求，有助于提高英语教师的专业素养和实践能力。

（2）培训内容。监督培训内容是否具有针对性和实用性，如理论学习、实践锻炼、交流研讨等，是否能够满足英语教师的实际需求，提高英语教师的专业水平。

（3）培训方式。评估培训方式是否合适，是否能够达到预期的培训效果。包括授课方式、实践操作、交流互动等环节的安排。

（4）教师反馈。了解英语教师对培训的满意度和评价，包括对培训内容、培训方式、培训安排等方面的反馈。

（5）培训效果。对培训效果进行评估，如教学能力、科研能力、创新能力等，了解英语教师通过培训获得的实际收益。可以通过英语教师自我评价、课堂观察、学生反馈等方式进行评估。

（6）资源利用。监督学校对培训资源的利用情况，包括教室、教材、教学软件等，确保资源得到充分有效的利用，提高培训质量。

（7）组织管理。对培训的组织管理进行监督，包括培训计划、实施、评估等环节的管理流程，确保培训工作的有序进行。

（8）质量保障。建立完善的质量保障机制，对培训过程和效果进行质量监控，确保培训质量符合预期标准。

（9）培训档案与资料管理。督导教师是否妥善保管培训过程中的相关档案和资料，如培训通知、签到表、培训记录、成果报告等，确保培训资料的完整性和规范性。

（10）培训经费使用与管理。督导教师是否合理使用培训经费，遵守财务制度，确保经费使用的合规性和效益性。

（11）培训制度与政策执行。督导教师是否遵守学校关于校本培训的相关制度和政策，确保培训工作的顺利进行。

通过以上督导内容的实施，可以帮助高校更好地开展英语教师校本培训工作，提高英语教师的专业素养和实践能力，提升高校英语教学的质量。同时，也有助于发现培训中存在的问题和不足之处，及时进行调整和改进，使培训更加完善和有效。

2. 校本督导的形式

高校英语教师校本培训督导的形式主要包括以下几种。

（1）自我督导。英语教师本人对培训过程和效果进行自我检查、总结和反思，找出不足和改进措施，为今后的培训提供借鉴和参考。

（2）同行督导。由同一学科或相近学科的教师进行相互督导，交流培训经验，互相学习，共同提高。

（3）学校督导。学校成立专门的督导组，对英语教师的培训过程、效果和成果进行检查、评估和指导，提出改进意见和建议。

（4）专家督导。邀请校内外相关领域的专家对英语教师的培训内容、方法、效果等进行专业指导和评估，提高培训的质量和水平。

（5）学生督导。通过学生评教、问卷调查等方式，了解学生对英语教师培训效果的评价，作为督导的参考依据。

（6）社会督导。通过社会实践活动、企业实习、国内外学术交流等方式，了解英语教师在社会服务、实际工作中的表现，评估培训的成果和应用价值。

（7）数据分析。通过收集和分析英语教师培训过程中的相关数据，如签到表、培训记录、成果报告等，对培训效果进行量化评估。

（8）定期报告。要求英语教师定期提交培训总结报告，对培训过程、效果和成果进行详细描述和分析，作为督导的重要依据。

以上督导形式可以结合使用，形成多方位、多层次的督导体系，全面了解和评估高校英语教师校本培训的实施情况，发现问题，提出改进措施，促进校本培训的有效实施。

2.校本督导的方法

高校英语教师校本培训督导的方法可以多样化。

（1）课堂观察。通过观察英语教师的课堂教学，了解英语教师的教学水平、课堂管理、教学方法等方面的情况，为英语教师提供有针对性的反馈和建议。

（2）交流座谈。组织英语教师进行座谈，了解英语教师对校本培训的需求、意见和建议，交流教学心得和经验，促进英语教师之间的互动和学习。

（3）问卷调查。通过问卷调查了解英语教师对校本培训的满意度、收获和改进建议，分析培训的成果和不足，为进一步改进培训提供依据。

（4）专题研讨。组织英语教师进行专题研讨，探讨英语教学的新理念、新方法、新技术等方面的问题，提高英语教师的专业素养和教学能力。

（5）个别指导。为英语教师提供个别指导，针对英语教师的具体情况和需求，提供专业意见和建议，帮助英语教师提升教学水平和专业素养。

（6）跟踪评估。对英语教师的课堂教学进行跟踪评估，了解英语教师的教学进步和改进情况，为英语教师的专业发展提供指导和支持。

（7）资源共享。建立教学资源平台，共享优质的教学资源，为英语教师提供丰富的教学素材和参考资料，提高教学质量和效果。

（8）团队建设。组织英语教师进行教学团队建设，加强英语教师之间的合作与交流，提高英语教师的教学水平和团队合作能力。

（三）校本专业培训

对于在职英语教师教育者队伍整体素质水平的发展可通过教师教育者专业化的培训来实现。

1.培训内容

高校英语教师校本专业培训的内容主要包括以下几个方面。

（1）教育理论与教育改革。培训英语教师了解国内外教育理论的发展趋势，掌握教育改革的最新动态，以便更好地应用于教学实践。

（2）英语专业知识与能力。提高英语教师的英语语言能力，包括听、说、读、写等方面，以及深入了解英语国家的文化背景，同时，英语作为一门语言学科，具有动态发展的特点。因此，高校英语教师需要不断更新自己的语言知识和技能，了解英语语言发展的最新动态和趋势。

（3）教育教学理论学习。英语教师需要掌握先进的教育教学理论和方法，包括课程设计、教学方法、课堂管理等方面的理论和实践。这些理论和方法有助于英语教师更好地理解和应对教学实践中的问题。

（4）教育技术能力提升。随着信息技术的发展，现代教育技术在教学中的应用越来越广泛。高校英语教师需要掌握现代教育技术，如多媒体教学、在线教育等方面的技能，提高教学效果和学生的学习体验。

（5）跨文化交际能力培养。英语作为国际通用语言，是跨文化交际的重要工具。高校英语教师需要培养自己的跨文化交际能力，了解不同文化背景下的语言习惯和思维方式，帮助学生更好地理解和运用英语。

（6）教育研究与反思。英语教师需要具备一定的教育研究能力，通过反思自己的教学实践和评估学生的学习效果，发现教学中的问题并寻求解决方案。同时，英语教师还需要关注学科前沿动态和教育发展趋势，积极参与学术交流和研讨活动。

（7）教育科研方法与论文写作。培训英语教师掌握教育科研方法，如教育调查、教育实验、教育统计等，提高论文写作能力。

（8）师德师风与职业素养。加强师德教育，培养英语教师敬业精神和职业素养，提高英语教师的教育教学质量。

（9）团队合作与领导力培养。培养英语教师的团队合作精神和领导力，提高英语教师在学校管理和教学组织方面的能力。

（10）课程设计与课程改革。培训英语教师掌握课程设计和课程改革的方法，提高课程质量，满足学生的需求。

（11）学生评估与考试制度改革。了解学生评估和考试制度的最新动态，掌握评估方法和考试制度改革的方向。

综上所述，高校英语教师校本专业培训的内容需要全面涵盖学科专业知识更新、教育教学理论学习、教育技术能力提升、跨文化交际能力培养和教育研究与反思等方面。通过这些内容的培训，可以提高英语教师的专业素养和实践能力，为高校英语教学的质量提升提供有力支持。

2. 培训措施

高校英语教师校本专业培训的措施可以从以下几个方面入手。

（1）制定培训计划。根据英语教师的实际需求和问题，制定具体的培训计划，包括培训目标、内容、方式、时间等方面的安排。确保培训计划具有针对性和实用性，能够满足英语教师的实际需求。

（2）丰富培训内容。培训内容应该涵盖学科专业知识更新、教育教学理论学习、教育技术能力提升、跨文化交际能力培养等方面，同时，应该注重实践性和应用性，将理论与实践相结合，提高英语教师的实际操作能力。

（3）创新培训方式。采用多种形式的培训方式，如专题讲座、案例分析、实践操作、互动研讨等。注重英语教师的参与和互动，激发英语教师的积极性和主动性，增强培训效果，还可实行师徒制，让经验丰富的英语教师指导新英语教师，帮助他们快速成长，提高教学能力。

（4）加强校企合作。与企业合作，为英语教师提供实践机会和资源，深入了解行业发展和企业需求。通过校企合作，英语教师可以获得更多的实践经验和教学资源，提高自己的实践能力。

（5）建立评估机制。对培训效果进行评估和反馈，了解英语教师通过培训获得的实际收益。可以通过英语教师自我评价、课堂观察、学生反馈等方式进行评估，并对评估结果进行分析和总结，为进一步改进培训提供依据。

（6）完善激励机制。建立完善的激励机制，鼓励英语教师积极参与培训和提升自己的专业素养。可以将英语教师参与培训的情况与英语教师的绩效考核、职称评定等方面挂钩，提高英语教师参与培训的积极性和动力。

（7）建立资源共享平台。建立教学资源平台，共享优质的教学资源，为英语教师提供丰富的教学素材和参考资料，提高教学质量和效果。同时，英语教师也可以将自己的教学资源上传到平台上，促进资源的共享和交流。

综上所述，高校英语教师校本专业培训需要制定具体的计划和措施，注重培训内容的针对性和实用性，采用多种形式的培训方式，加强校企合作和资源共享，建立评估机制和激励机制。通过这些措施的实施，可以提高教师的专业素养和实践能力，为高校英语教学的质量提升提供有力支持。

3. 培训目标

高校英语教师校本专业培训的目标主要包括以下几个方面。

（1）提高英语教师的专业素养。通过培训，使英语教师掌握学科前沿知识和技能，提升英语教师的专业素养和教学能力，使其能够更好地应对英语教学中的挑战。

（2）更新教育教学理念。帮助英语教师了解新的教育教学理念和方法，更新英语教师的教育观念，提高英语教师的教育理论水平，促进英语教师更好地适应教育改革的发展。

（3）培养跨文化交际能力。加强英语教师的跨文化交际能力培养，使英语教师能够更好地应对英语教学中涉及的不同文化背景和语言习惯，提高英语教师的跨文化教学能力。

（4）提升教育技术应用能力。提升英语教师运用现代教育技术的能力，如多媒体教学、在线教育等，提高教学效果和学生的学习体验。

（5）促进英语教师专业发展。通过培训，激发英语教师的自我发展意识和终身学习意识，促进英语教师的专业成长和发展，提升英语教师的职业竞争力。

（6）推动高校英语教学改革。通过培训，使英语教师了解高校英语教学改革的方向和目标，鼓励英语教师积极参与教学改革和创新，推动高校英语教学质量的提升。

（7）提升团队合作与领导力。培养英语教师的团队合作精神和领导力，提高英语教师在学校管理和教学组织方面的能力。

（8）优化课程设计与改革。帮助英语教师掌握课程设计和课程改革的方法，提高课程质量，满足学生的需求。

（9）改进学生评估与考试制度。引导英语教师了解和掌握学生评估和考试制度的最新动态，推动评估方法和考试制度改革。

通过这些目标的实现，可以提高英语教师的专业素养和实践能力，为高校英语教学的质量提升提供有力支持。

第三节 高校英语教师激励机制的优化与完善

一、常用教师激励措施

高校英语教师激励措施最常见的应该是薪酬激励、认可和荣誉激励。对优秀教师，提供具有竞争力的薪酬待遇，如提高教师的工资、奖金等，以吸引和留住优秀的英语教师。对表现优秀的教师给予认可和荣誉，如颁发教学优秀奖、优秀教师荣誉称号等。这种激励可以增强教师的自信心和归属感，提高教师的工作积极性和工作满意度，同时，可以根据教师的教学绩效和工作表现，给予相应的奖励和晋升机制。

除此之外，还有培训和发展激励、工作环境和设施激励。培训和发展激励就是提供专业发展和培训机会，如参加学术会议、进修课程等，鼓励教师不断更新知识和提高教学水平。这种激励可以激发教师的自我成长和发展意识，提高教师的职业竞争力。工作环境和设施激励就是提供良好的教学环境和设施，如现代化的教学设备、舒适的教学环境等，以提高教师的教学效果和学生的学习体验。这种激励可以让教师更加专注于教学工作，提高教学质量和效果。

提供良好的领导关系和团队氛围，鼓励教师之间的合作与交流，共同成长，也可以提高教师的工作效率和团队合作能力，促进教师之间的互信和凝聚力。

高校英语教师激励措施需要综合考虑教师的不同需求和个性特点，采用多种形式的激励方式，激发教师的工作积极性和创造力。同时，激励措施的实施需要公平、公正和透明，避免产生负面影响和不公平现象。

二、构建综合激励机制

综合激励机制就是在采用常用激励措施的基础上，引入更多元、更全面的激励方法。高校英语教师构建综合激励机制可以从以下几个方面入手。

第一，针对英语教师的不同需求和个性特点，制订个性化的激励方案。了解英语教师的职业发展规划、兴趣爱好和需求，提供针对性的奖励和激励措施，激发英语教师的工作积极性和创造力。建立科学的绩效评价体系，明确评价标准和方法，对英语教师的教学绩效进行全面评价。同时，建立有效的反馈机制，将评价结果及时反馈给英语教师，帮助英语教师发现自己的不足之处并积极改进。

第二，设立团队目标，鼓励英语教师以团队为单位开展教学和科研工作。通过团队目标的实现，激发英语教师的团队协作精神和工作动力，提高团队的整体绩效；营造积极向上的文化氛围，强调团队合作、创新进取等价值观。通过文化氛围的营造，激发英语教师的工作热情和创造力，提高团队的凝聚力和向心力。

第三，引入竞争机制，通过开展教学竞赛、优秀教案评选等活动，激发英语教师之间的竞争意识。通过竞争性激励，促使英语教师不断提升自己的教学水平和专业素养；鼓励英语教师开展创新项目，支持英语教师进行教学改革和创新实践；设立创新项目资助和奖励机制，为英语教师提供必要的资源和支持，激发英语教师的创新热情和探索精神。

第四，关注英语教师的职业发展需求，提供职业发展指导和培训机会，帮助英语教师制定职业发展规划，明确职业发展目标，激发英语教师自我发展的动力和热情；关注英语教师的情感需求，加强与英语教师的沟通和交流；了解英语教师的困难和问题，提供必要的支持和帮助，增强英语教师的归属感和忠诚度。

参考文献

[1]刘忠喜.英语教师教育者专业发展途径的多维度探究[M].长春：吉林大学出版社，2018.

[2]贾芝，林琳，徐颖.高校英语教师专业发展有效路径探究[M].青岛：中国海洋大学出版社，2020.

[3]罗桂温，白玉洁.高校英语教师专业发展与教学研究[M].延吉：延边大学出版社，2021.

[4]严菊环.高校英语教师专业发展研究[M].沈阳：辽宁大学出版社有限责任公司，2021.

[5]谢职安.高校英语教师专业发展研究[M].北京：知识产权出版社，2014.

[6]王晓红.学习共同体视域下高校英语教师专业发展研究[M].北京：科学出版社，2018.

[7]江全.力求卓越[M].太原：山西经济出版社，2020.

[8]黄翠华.现代教师教育体系构建探究[M].北京：中国书籍出版社，2019.

[9]刘晓然.适应与突破[M].哈尔滨：东北林业大学出版社，2018.

[10]刘菲.英语教师专业发展研究[M].长春：吉林出版集团股份有限公司，2021.

[11]王文倩.高校英语教师教学信念的构成与职业发展[M].北京：新华出版社，2020.

[12]陈时见.教师教育课程论 历史透视与国际比较[M].北京：人民教育出版社，2011.

[13]洪藾.地方应用型本科院校教师教学技能培养机制研究[M].北京：中

国原子能出版社，2019.

[14]李正栓，郝惠珍.中国语境下英语教师教育与发展研究[M].保定：河北大学出版社，2009.

[15]徐家玉.信息技术背景下高效英语教学理论体系的建构与探索[M].长沙：湖南师范大学出版社，2018.

[16]汪明春，杨会燕.教师教育综合素质教程[M].武汉：华中科技大学出版社，2016.

[17]乔明文.英语教师教育与发展的国际化视角研究[M].上海：上海财经大学出版社，2018.

[18]曾煜.中国教师教育史[M].北京：商务印书馆，2016.

[19]陈爱玲.跨文化交际语境下的大学英语教学探究[M].北京：中国书籍出版社，2019.

[20]张彩霞.跨文化交际视角下大学英语教学的改革[M].北京：中国水利水电出版社，2018.

[21]吴文亮.信息化时代高校英语教学理论的解构与重塑[M].长春：吉林大学出版社，2019.

[22]盖颖颖.外语教师团队建构研究：基于专业学习共同体视角[M].北京：中国经济出版社，2016.

[23]《新编学校管理制度全集》编委会.新编学校管理制度全集（下）[M].北京：光明日报出版社，2022.

[24]鲁子问.英语教学论（第2版）[M].上海：华东师范大学出版社，2010.

[25]张瑶，李蕾，朱丹.英语教学体系的多维视角探究[M].北京：中国水利水电出版社，2017.

[26]罗毅.职前英语教师专业发展研究：教育研习视角[M].武汉：华中科技大学出版社，2016.

[27]杨跃.教师教育学[M].北京：北京师范大学出版社，2016.

[28]李晓波，陆道坤.思想演变与体制转型：中国教师教育回眸与展望[M].镇江：江苏大学出版社，2012.

[29]缪蓉.教师教育技术能力标准、培养及评估[M].北京：北京大学出版

社，2012.

[30]李军.教育智慧的生成[M].北京：中国政法大学出版社，2012.

[31][英]理查兹（Jack C.Richards），[英]洛克哈特（Charles Lockhart），武尊民.第二语言课堂的反思性教学[M].北京：人民教育出版社，2000.

[32]黄燕春，杨国珍.信息化时代背景下体育教学的创新与发展研究[M].北京：中国书籍出版社，2022.

[33]付琳芳，郭晓燕.当前英语教师专业发展的现状与对策研究[M].长春：东北师范大学出版社，2018.

[34]李小卫.专业化视野中的创新型教师[M].长春：吉林科学技术出版社，2006.

[35]许占权，张妙龄.教师培训理论与实务[M].武汉：武汉大学出版社，2019.

[36]赵呈领，万力勇.教育信息化发展与师范生教育技术能力培养[M].北京：科学出版社，2013.

[37]林多贤，邱小云.高师院校改革与基础教育课程改革研究[M].北京：科学出版社，2007.

[38]广东教育学院教育系.现代教育理论[M].广州：中山大学出版社，2001.

[39]周洪宇，郑抗生，崔耀中.教育公平：维系社会公平正义的基石[M].北京：中国人民大学出版社，2014.

[40]周洪宇.教师教育论[M].北京：北京师范大学出版社，2010.

[41]梁涛.信息化时代大学英语教学的新发展[M].青岛：中国海洋大学出版社，2022.

[42]肖黎明.新时代教师专业发展[M].南昌：江西高校出版社，2020.

[43]中国社会经济发展报告编委会，《教师教育指导全书》课题组.教师教育指导全书（上）[M].北京：人民日报出版社，2004.

[44]周洪宇.教育改革论[M].武汉：湖北教育出版社，2021.

[45]李丽生，黄瑛.外国语言文学与外语教学探索（第2辑）[M].成都：四川大学出版社，2011.

[46]陆巧玲，孔彩芳.英语教师师本研究[M].镇江：江苏大学出版社，

2008.

[47]张青.大学英语混合式教学研究[M].长春：吉林出集团股份有限公司，2022.

[48]魏会延.教师学习共同体：促进教师专业发展的新途径[M].武汉：武汉大学出版社，2014.

[49]郑金洲，陶保平，孔企平.学校教育研究方法[M].北京：教育科学出版社，2003.

[50]Richards，Jack C.& Lockhart，Charles.*Reflective Teaching in Second Language Classroom*[M].New York：CUP，1994.

[51]李君玉.校本培训：教师专业发展的优质平台[J].中国校外教育·高教，2011（6）：1+36.

[52]钱坤.英语分层教学电子档案袋应用研究[J].兰台内外，2022（5）：62-64.

[53]李学农.论教师教育则[J].当代教师教育，2008，（1）：47-50.

[54]王一琼.基于 TPACK 理论框架下高校英语教师专业化发展的路径[J].林区教学，2020（01）：59-61.

[55]张正东，李少伶.英语教师的发展[J].课程·教材·教法，2003（11）：59-66.